Gudrun Harrer · Nahöstlicher Irrgarten

GUDRUN HARRER

Nahöstlicher Irrgarten

Analysen abseits des Mainstreams

www.kremayr-scheriau.at

ISBN 978-3-218-00930-0
Copyright © 2014 by Verlag Kremayr & Scheriau GmbH & Co. KG, Wien
Alle Rechte vorbehalten
Schutzumschlaggestaltung: Sophie Gudenus, Wien
Fotos auf dem Schutzumschlag (v. l. n. r.): Mohammed Jalil/EPA/picturedesk.com;
Baraa Al-Halabi/AFP/picturedesk.com; Ahmad Halabisaz Xinhua/Eyevine/
picturedesk.com; Hintergrundbild Barbara-Maria Damrau/fotolia.com
Typografische Gestaltung und Satz: Michael Karner, Gloggnitz
Druck und Bindung: Druckerei Theiss GmbH, St. Stefan i. Lavanttal

Inhalt

Vorwort

Bitte lesen Sie dieses Vorwort, bevor Sie sich fragen, welch seltsamer Logik mein Analysen-Band folgt: Er beginnt mit dem Irak, führt über den Krieg in Syrien zur Nachfolgediskussion in Saudi-Arabien und der aktuellen Entwicklung in Ägypten und danach in den Iran und zur Atomproblematik. Und tatsächlich ist es von meiner Seite so gedacht: als Rundumschlag, der sich an einigen Brennpunkten des Nahen Ostens orientiert, aber mit den transnationalen Zusammenhängen im Blick und immer im Bemühen um historische Tiefe. So entstehen Beiträge, die selten monothematisch sind, oft sind sie im Bereich von regionalem Crossover anzusiedeln. Sie sind Hintergründe und Vorgeschichten zu dem, was Sie tagtäglich in den Nachrichten hören – dass die Welt nicht stehengeblieben ist, als ich dieses Buch abschloss, versteht sich von selbst.

Dass ich ein Buch mit diesen Analysen fülle, ist natürlich nicht nur eine Tugend, sondern auch eine Not: Ich könnte und wollte nicht mit meinen Kollegen und Kolleginnen konkurrieren, die in der Region leben, das tägliche Leben der Menschen kennen und in Reportagen viel besser beschreiben können als ich, die ich eine ferne Beobachterin und nur von Zeit zu Zeit im Nahen Osten bin. Aber ein bisschen Distanz, ein Schritt zurück, ist ja manchmal sogar gut, um das Ganze ins Auge fassen zu können. Nicht dass dann immer alles klar ist: Manchmal fühle ich mich wie der Feldherr alter Zeiten auf einem Hügel, der versucht, die Schlacht zu überblicken, und darauf wartet, dass sich die Gefechtsnebel lichten, damit er etwas besser sehen kann. Das tut er nur bedingt,

vor allem kennt er nicht alle Details, die sich am Boden ab-
spielen, aber er hat doch einen Überblick und kennt die Vorgeschichte. Leider ist die Schlacht-Metapher angesichts des
Zustands »meiner« Region gar nicht so abwegig.

Seit Jahren schreibe ich diese Analysen für den »Standard«,
für die gedruckte Zeitung, aber auch in einer eigenen On-
line-Schiene, aus der ich einige Themen übernommen und
ausgearbeitet habe. Aber kein Artikel ist in genau dieser
Form schon erschienen, alle wurden überarbeitet und zum
Teil auf das Doppelte verlängert; auch die Irak-Kapitel aus
dem »Standard«-Feuilleton, dem »Album«, die das Buch ein-
rahmen, wurden noch einmal überholt. Im Irak war ich im
Jahr 2006 als Vertreterin der österreichischen EU-Ratspräsidentschaft und Geschäftsträgerin der Österreichischen Botschaft Bagdad, das fließt manchmal mit ein. Auch meine pä-
dagogische Ader kann ich, fürchte ich, nicht immer ganz
verleugnen, nach Jahren als Lehrbeauftragte für Moderne
Geschichte und Politik des Nahen Ostens am Institut für Ori-
entalistik der Universität Wien und an der Diplomatischen
Akademie Wien. Aus dieser Beschäftigung weiß ich auch,
dass ein enormer Bedarf an Information über den Zusammenhang von Religion und Politik im Nahen Osten besteht.
Das hat dazu geführt, dass etliche Themen, die mit dem politischen Islam zu tun haben, in dieses Buch eingeflossen sind.
Das ist den derzeitigen Umständen in der Region geschul-
det – man sollte sich jedoch nicht irreleiten lassen und glauben, dass das Leben der Menschen im Nahen Osten sich nur
darum dreht. So ist es natürlich nicht. Und was nach Religion
aussieht – wie etwa die sich nach 2003 und weiter nach 2011
auftuende Kluft zwischen Schiiten und Sunniten –, steht immer mit handfesten politischen Auseinandersetzungen in
Zusammenhang. Was wiederum heißt, dass das, was wir als
Auseinandersetzung mit einem radikalen Islam sehen, nicht
immer so war und nicht immer so sein wird. Das ist ein Phä-

nomen der Moderne. Dennoch ist es nützlich, wenn man etwas zu den historischen Hintergründen weiß, um zu verstehen, was da im Nahen Osten heute alles plötzlich, wie es auf Neudeutsch heißt, »aufpoppt«.

Noch ein Wort zu den Kapiteln, die sich mit Massenvernichtungswaffen und der nuklearen Frage im Nahen Osten befassen. Ich habe meine Dissertation über das irakische Atomprogramm und die Inspektionen der Internationalen Atomenergiebehörde (IAEA) geschrieben, Jahre danach ist auch ein Buch aus dieser Arbeit entstanden, das zu Jahresbeginn in einem wissenschaftlichen Verlag erschienen ist.[1] Nach diesem Buch für Spezialisten war die Zeit reif, auch beim Buchschreiben wieder auf journalistischen Boden zurückzufinden. Es war immer mein Ehrgeiz, komplizierte Sachverhalte so zu erzählen, dass ein interessierter Leser und eine interessierte Leserin folgen können. Ein bisschen Durchhaltevermögen brauchen sie allerdings schon.

Die Danksagung ist nicht einfach, denn es sind so viele Personen, von denen ich über die Jahre in Gesprächen viel gelernt habe und noch immer lerne, Menschen aus der Region und Spezialisten aus anderen Ländern, die genannt werden müssten. Deshalb nur ein paar Namen von heimischen Freunden aus der akademischen Welt, angefangen vom Iranisten Bert Fragner und seinem Schüler Walter Posch, über den Arabisten Stephan Procházka und die Turkologin Gisela Procházka-Eisl, bis hin zu Freunden und Experten aus dem österreichischen Außenministerium, wie die Botschafter Friedrich Stift (Teheran) und Georg Stillfried (Kairo). Ihrer aller Rat ist punktuell auch in dieses Buch eingeflossen, das heißt aber nicht, dass sie für Fehler meinerseits verantwortlich wären. Am Schluss danke ich auch noch Barbara Köszegi vom Verlag für ihre Beharrlichkeit, ohne die ich das Buch nicht gemacht hätte.

Gudrun Harrer / Wien, im Juli 2014

Das Morsi-Enigma

Eine kleine Einführung in die Umschrift
aus dem Arabischen

Dieser Beitrag muss mit einem Geständnis beginnen. Ich habe in grauer Vorzeit einmal eine arabistische Diplomarbeit geschrieben und veröffentlicht, die sich mehr oder weniger mit dem befasste, was ich hier das Morsi-Mursi-Problem nennen möchte: Wenn in den Zeitungen »Mursi« steht, wird es Leser und Leserinnen geben, die sich fragen, ob der Mann nicht richtig »Morsi« heißt, und wenn die Zeitungen »Morsi« schreiben, wird es noch mehr geben, die darauf pochen, dass doch »Mursi« richtig sei. Es ärgert manche Leser so sehr, dass sie den Inhalt gar nicht mehr lesen können. Das ist schade, denn die Aufregung ist unangebracht. Im »Standard« hatte ich tatsächlich, als der damals zukünftige, nunmehr gestürzte Präsident Ägyptens erstmals in unser Bewusstsein und damit auf die Zeitungsseiten trat, Mursi geschrieben, unsere Korrespondentin aus Kairo jedoch Morsi, und die Kollegen aus der Außenpolitik haben das so stehen lassen. Ich habe nichts dagegen unternommen und ebenfalls diese Schreibweise übernommen, weil es mir irrelevant erschien – dass die englischen Medien eher zu Morsi tendieren und die deutschsprachigen zu Mursi, ist mir damals nicht aufgefallen, aber es stimmt wahrscheinlich. In diesem Buch bin ich wieder bei Mursi.

Meine Diplomarbeit hieß »Zur Wiedergabe arabischer Wörter in den deutschsprachigen Medien. Problematik, Praxis

11

und Lösungsvorschläge.« Das perfekte Werk für jemanden, der unter Schlafstörungen leidet. Meine Lösungsvorschläge von damals halte ich heute selbst nicht ein. Der erste Satz der Einleitung stimmt allerdings noch immer:»Mit Staunen und Kopfschütteln nimmt der Zeitungsleser das Chaos in der arabischen Namensschreibung zur Kenntnis ...« Die Arabisten putzen sich ab, denn sie haben ein perfekt funktionierendes Transkriptionssystem mit Sonderzeichen, die die in unserem Alphabet fehlenden Buchstaben für Konsonanten (zu den Vokalen später) wiedergeben, die es im arabischen Alphabet gibt. In der Zeitung haben wir das erstens nicht, und zweitens würden die Leser und Leserinnen auch nicht verstehen, was zum Beispiel mit einem Punkt oder einem Strich unter einem h gemeint ist.

Ich möchte das nicht weiter ausführen, nur so viel: Eines der Probleme besteht darin, dass es im Arabischen von etlichen Konsonanten auch»emphatische«, also betontere, verstärkende Varianten gibt. Das ss in unserer Schreibweise von Assad bezeichnet ein anderes s als das ss in Nasser. Und in beiden Fällen, Assad und Nasser, handelt es sich im Arabischen überhaupt nur um ein einfaches s, nicht um doppel-s. Da aber im Hochdeutschen ein s zwischen zwei Vokalen stimmhaft ausgesprochen wird, und da es sich bei den beiden s in Assad und Nasser um stimmlose s handelt, werden sie für gewöhnlich als doppel-s transkribiert. Da gibt es kein»richtig« oder»falsch«, sondern das ist eine Konvention. Die Transkription der Deutschen Morgenländischen Gesellschaft, an die sich die deutschsprachigen Arabisten halten, würde Nasser so wiedergeben: N, ein a mit einem Strich darüber (das bezeichnet ein langes a), ein s mit einem Punkt darunter (bezeichnet ein emphatisches s, das sad), ein i und ein r. Und ein Wissenschaftler würde dem Nasser auch die erste Hälfte seines zweiten Namens geben, nämlich Abd al-. Vor dem A von Abd würde er ein Zeichen machen, das Sie nicht einordnen können: für den Konsonanten ayn. Und dann würde er wahrscheinlich auch noch das l im Artikel al- an das n assimilieren, so wie es beim n, aber auch noch bei ein paar anderen Konsonanten, richtig ist, also Abd an-Nasir (inklusive des ganzen oben erklärten Sonderzeichentheaters) schreiben.

Und mit dem i in Nasser/Nasir sind wir bei den Vokalen und bei Mursi und Morsi. Im Arabischen werden die Kurzvokale nicht notiert beziehungsweise gibt es nur in Ausnahmefällen (etwa im Koran) Angaben für die »Vokalisierung«, kleine Zeichen über oder unter den Konsonanten. Das Arabische kennt nur drei kurze und drei lange Vokalphoneme, a, i, u. Aha, werden Sie sagen, Morsi ist also doch falsch. Aber: Die arabischen Vokalphoneme unterliegen in ihrer Realisation einer großen Variabilität, das heißt, phonetisch sieht die Lage wieder ganz anders aus als phonematisch. Man nennt diese Varianten »Allophone«. Diese Allophone werden durch die Konsonanten erzeugt, zwischen denen der Vokal zu liegen kommt, aber auch durch lokale arabische Dialekte.

Wenn ein u oder ein i zwischen emphatischen oder auch nur neben einem emphatischen Konsonanten zu liegen kommt, dann wird es phonetisch abgedunkelt, klingt dann eher wie o oder e. Beim Nasser ist es das emphatische s in der Mitte, bei Hosni der stimmlose pharyngale Dauerlaut h (ein mit Pressartikulation realisiertes h) am Beginn. Im Ägyptischen tendieren aber die kurzen u überhaupt zu o: So wird die Bewegung »Tamarrud« (Rebellion), die Mursi/Morsi zu Fall gebracht hat, von den meisten Korrespondenten »Tamarod« oder »Tamarrod« geschrieben (wobei hier das gerollte doppel-r zur Verdunkelung des u zu o beiträgt).

Wer jetzt noch dabei ist: Was ich sagen will, ist, dass es nicht um »richtig« oder »falsch« geht, sondern um phonematische oder phonetische Transkriptionen, und dass Transkriptionen ohne Sonderzeichen ohnehin immer nur ein unbefriedigender Kompromiss sind. Wenn wir die Vokale phonematisch treu transkribieren würden, dann wäre das natürlich auch das Ende von »Omar« und «Mohammed« – der übrigens auch ein Beispiel dafür liefert, dass das e phonematisch im Arabischen nicht nur eine Verdunklung von i, sondern auch eine helle Variante von a sein kann (also etwa Mohammäd). Muhammad muss er heißen, ein für allemal. Gut, werden Sie sagen, warum nicht? Aber was machen Sie dann, wenn sich der ägyptische Friedensnobelpreisträger ElBaradei selbst hochoffiziell »Mohamed« – noch dazu mit nur einem m – schreiben lässt? Gehen Sie hin und sagen, lieber Herr Doktor, Sie schreiben sich falsch? Und überhaupt ElBaradei, warum nicht al-Baradei? Wobei auch das Baradei nur eine grobe Annäherung an die arabische Wirklichkeit ist …

Sie sehen, das Scheitern ist programmiert. Ein wunderbares Beispiel dafür, wie schwach ausgeprägt die Vokale manchmal sind, stammt aus der jüngsten Aktualität in Libyen. Da gibt es den General Haftar, der im Mai 2014 eine Offensive gegen die Islamisten startete, ganz nach dem Vorbild Sisis in Ägypten. Haftar ist nur eine der Schreibweisen: Von Hafter, Heftar bis zu Hufter werden Sie alles finden. In seinen amerikanischen Papieren heißt er Hifter. Und wenn Sie mich jetzt noch fragen, warum ich unseren Feldmarschall-Präsidenten Sisi und nicht – nach dem Assad-Modell (stimmloses s) – Sissi schreibe: Nach einem Jahr hat Sisi, wie die meisten Medien den Namen wiedergegeben haben, so etwas wie ein Gewohnheitsrecht. Ich werde nicht dagegen ankämpfen. Aber es gibt noch einen anderen guten Grund, der mit dem Deutschen zu tun hat: Da ist nämlich vor einem doppel-s der Vokal zwingend kurz, während unser Sisi ein langes i vor dem s hat. No, he is no sissy.

Es ist eben alles sehr kompliziert. Ich entscheide mich hier oft ganz einfach für eine Schreibweise, die ich für gebräuchlicher halte als eine andere, auch wenn dadurch Ungereimtheiten entstehen mögen. Und beim Transkribieren aus dem Persischen ist ohnehin wieder alles anders. Das heißt, ich kapituliere – und widme mich lieber den Inhalten.

Eroberung eines Kartenhauses

*Nach dem Sturz Saddam Husseins wartete auf die
Iraker und Irakerinnen die nächste Hölle*

Als am ersten Kriegstag im März 2003 nach etlichen ver-
geblichen Versuchen meinerseits, nach Bagdad telefonisch
durchzukommen, bei den Freunden wider Erwarten doch
noch das Freizeichen und gleich darauf die Stimme von S. er-
tönte, fiel mir nichts Besseres ein, als zu fragen:»Was macht
ihr gerade?« Die nüchterne Antwort:»Na was schon: Wir
schauen CNN!«

Satellitenschüsseln waren zwar verboten, aber S. hatte seit
Jahren eine. Er wurde einmal verraten, aber die Sicherheitskräfte, die zu ihm ins Haus kamen, bestach er – Geld hatte
er genug, denn er hatte einen Handel aufgezogen, eben mit
jenen Satellitenempfängern, die er sich, in Teile zerlegt, aus
Jordanien kommen ließ. Er war sehr erfolgreich. Unvergess-
lich der Besuch mit ihm beim damaligen chaldäischen Patriarchen, dem er gleich eine andiente.

Warum diese Episode wichtig sein soll? Ein paar Jahre früher hätte sich S. nicht freikaufen können, den Vorstoß beim
Patriarchen hätte er nie gewagt. Die irakische»Republik der
Angst«[2], die die USA mit ihrem Einmarsch 2003 zerstören
wollten, gab es längst nicht mehr. Es gab gar keinen Staat
mehr, die zwölfjährigen internationalen Sanktionen, die
nicht nur die Wirtschaft, sondern alle Bereiche des Lebens
betrafen, hatten ihn aufgefressen. Die USA stießen 2003 ein
Kartenhaus um. Der Autor von»The Republic of Fear«, Kanan

Makiya (er schrieb unter dem Pseudonym Samir al-Khalil), hatte zu jenen Exil-Irakern gehört, die der willigen amerikanischen Regierung das Blaue vom Himmel versprachen: Empfang mit Rosen für die US-Soldaten, Einführung der ersten Demokratie im Nahen Osten. Am fünften Jahrestag der Invasion sagte Makiya in einem Interview zu mir: »Ich habe mich geirrt.« Dem Irak hatte er da längst wieder den Rücken gekehrt – wie hunderttausende Flüchtlinge auch, nur unter bequemeren Umständen.

Der irakische Staat war 2003 vor den Augen der USA kollabiert, es gab nichts, worauf man aufbauen konnte, keine Strukturen, keine Institutionen. Wäre das totale Abrutschen noch zu verhindern gewesen, wenn die Amerikaner nach einer ehrlichen Bestandsaufnahme ihre Politik der Realität angepasst hätten? Wenn die US-Armee Chaos und Plünderungen, die sofort einsetzten, verhindert hätten, wenn sie bereit gewesen wären, zuerst als Polizei und dann als »Nation Builder« zu fungieren?

Daniel Byman kommt in seinem Artikel von 2008, in dem er das Irak-Debakel »obduziert«,[3] eher zu dem Schluss, dass es auch bei Vermeidung der katastrophalen US-Fehler schwierig geworden wäre. Nach den Erfahrungen der ersten Jahre »Arabischer Frühling« könnte man ihm insofern recht geben, als nun einmal mehr bestätigt ist, dass »freie« – wer ist schon frei nach Jahrzehnten unter solchen Regimen? – Wahlen jedenfalls kein Allheilmittel sind. Im Irak ließen die USA jedoch ohnehin erst zwei Jahre nach der Invasion wählen, als der Countdown zum Bürgerkrieg bereits begonnen hatte.

Unwissen und Arroganz

Und bei den USA waren es eben mehr als nur »Fehler«. Da war zu allererst einmal die Kriegsgrund-Lüge. Dazu kam eine seltsame Mischung aus Arroganz, Unwissen – und Kitsch, der sich europäischen Kriegsskeptikern gegenüber etwa so äußerte, dass diese ständig auf den Zweiten Weltkrieg und die Befreiung Europas durch die USA verwiesen wurden. Hatte der Irak etwa keinen Anspruch auf diese zivilisatorische Gnade? Als ob das so einfach wäre: Dort, wo die Amerikaner einmarschieren, wird alles gut.

Und dann zogen sie in den Irak ein und waren drei Wochen später in Bagdad, und da gab es jubelnde Iraker! Sie hatten also recht, und wir hatten unrecht. Ich erinnere mich an einen US-Diplomaten, der mir die Hand nicht mehr gab, nachdem ich den US-Triumphalismus nach »Kriegsende« kritisierte und schrieb, die USA sollten sich nicht täuschen: Sie hätten den Krieg nicht gewonnen, sondern dieser sei – vielleicht nur einstweilen – abgesagt worden. Dieser Diplomat ließ sich später nach Bagdad versetzen und nahm noch später wieder den Kontakt zu mir auf ...

Es fällt ja nicht leicht, einer Supermacht wie den USA, 2003 noch unbestrittener die einzige Supermacht als heute, »Unwissen« zu unterstellen. Paul Bremer, der glücklose amerikanische »Vizekönig« in Bagdad, bekommt heute das ganze Fett als Scharlatan ab – aber entsandt und gewähren ließen ihn Vizepräsident Dick Cheney und Konsorten. Dieser Bremer also sagte 2003, als er die irakische Armee auflöste und den USA so mit einem einzigen Federstrich ein paar Millionen Feinde bescherte, er tue dies, um den Irakern unmissverständlich klarzumachen, dass Saddam Hussein Geschichte sei. »Saddams Armee« war tot.

An dem Tag, an dem diese Nachricht aus Bagdad kam, hatte ich zufällig mit einer kleinen internationalen Journalistengruppe einen Termin bei König Abdullah II. von Jordanien. Der, selbst ein Mann des Militärs, war bleich vor Entsetzen und Ärger. Ja wussten denn die Amerikaner nicht, dass die irakische Armee immer eine »nationale« gewesen war, eine,

18

der Saddam Hussein nicht einmal richtig traute? Der Schlag, auf den Bremer so stolz war, richtete sich nicht gegen Saddam, sondern gegen die irakische Identität, den nationalen Zusammenhalt. Ich kann mich nicht mehr genau an seine Worte erinnern, aber König Abdullah sagte so etwas wie: »Jetzt ist es aus.«

Und das war es gewissermaßen auch. Die Amerikaner hatten die Iraker in Freunde und Feinde geteilt, und diese verhielten sich entsprechend. Das war, bevor die Amerikaner selbst Verbrechen an den »Undankbaren« begingen (Stichwort Abu Ghraib) und die geheimen Folterkerker bei ihren Freunden, den befreiten Schiiten, entdeckten. Aber es ist sinnlos, die unterschiedlichen »Body Counts« im Irak nach 2003 miteinander zu vergleichen, und schon gar, sie gegen die Opferzahlen Saddams aufzuwiegen. Es war eben nicht mehr die alte, sondern eine neue Hölle, die sich im Irak auftat.

Mein Freund S., der 2003 sofort gemeinsam mit seiner Frau mit voller Überzeugung für die US-Verwaltung in Bagdad zu arbeiten begann, wurde 2006, als ich für das österreichische Außenministerium als Sondergesandte und Geschäftsträgerin der Botschaft in Bagdad war, entführt. Mein finsterster Tag. Die Freunde kratzten das Lösegeld zusammen, S. war Sunnit, deshalb brachten ihn seine Entführer nicht um, sondern warfen ihn, nachdem sie das Geld erhalten hatten, immerhin nur aus dem fahrenden Auto. Er überlebte, nahm seine Familie und verließ das Land. Seine Entführer beschrieb er als völlig entkulturalisiert – er sagte, sie hätten nicht einmal ordentlich sprechen können, die verlorene Generation der Sanktionszeit –, junge Kriminelle, die ihre Taten mit einem sunnitischen Jihad gegen USA und Schiiten rechtfertigten.

Die gefährliche Saat

Kanan Makiya hat 2012 die US-Regierung aufgerufen, militärisch in Syrien einzugreifen: Logischerweise berief er sich dabei nicht auf die US-Intervention im Irak 2003, sondern verwies auf das Versäumnis von US-Präsident George H. W. Bush, dem Vater des Kriegsherrn von 2003, im Jahr 1991: Wenn die USA damals den Golfkrieg in aller Konsequenz geführt und Saddam Hussein gestürzt hätten, wäre der Irak noch zu retten, die irakische Gesellschaft noch nicht so kaputt gewesen, argumentierte er.

Das mag richtig sein, aber wenn Kanan Makiya, Professor der Brandeis University, meint, Syrien durch eine US-Intervention das irakische Schicksal ersparen zu können, dann irrt er schon wieder. Denn Syrien ist nicht wie der Irak 1991, sondern die Tragödie, die sich heute in Syrien abspielt, hat 2003 im Irak begonnen. Im Irak führte der Kollaps des Staates zu dem, was in Syrien heute zum Kollaps des Staates führt: der Ausbruch des konfessionellen Wahnsinns. Und dieser Wahnsinn schwappt im Jahr 2014 wieder zurück in den Irak, der mit dem Vormarsch der Jihadisten des »Islamischen Staats« und ihren Verbündeten, den Altbaathisten und den Stammessunniten, erneut zum konfessionellen Schlachtfeld geworden ist.

Bush senior hat 1991 den Irak-Krieg »nicht zu Ende geführt«, wie es heißt: Einer der Gründe, und vielleicht der gewichtigste, war, den Iran nicht von Saddam Hussein befreien zu wollen, weswegen man ja 1991 dem besiegten Irak auch seine konventionellen Waffen nicht weggenommen hatte: Er sollte zumindest seine Grenzen verteidigen können. Es ist richtig, dass dieses Argument 1991, nur zwei Jahre nach Ayatollah Khomeinis Tod, schwerer wog als im Jahr 2003, als in Teheran seit sechs Jahren der kultivierte Gelehrte Mohammed Khatami Präsident war, der nach 9/11 brav mit den Amerikanern in Afghanistan kooperierte und dennoch 2002 in einer Rede von George W. Bush auf der »Achse des Bösen« landete. Jedenfalls kam die Geschichte so, wie sie kommen musste: Der von einer tribal-mafiösen Herrschaft eines (nominell) sunnitischen Clans befreite Irak – die Hinrichtung des Despoten entgleiste zu einer Art schiitischem Racheritual – geriet rasch unter die kulturelle und politische Hegemonie der Mehrheitsgruppe, der religiösen Schiiten, mit ihrem einfachen Verständnis von »Demokratie« als einer Herrschaft der Mehrheit und mit ihren traditionellen Beziehungen zu Teheran. Diese waren keineswegs immer spannungsfrei, und die irakischen Schiiten sind auch alles andere als eine homogene Gruppe. Aber trotzdem: Das war ein ganz neuer Irak, einer, der aus dem sunnitisch-arabischen Orbit in den schiitisch-iranischen gekippt war.

So sahen es jedenfalls die arabischen Sunniten am Golf, in Jordanien – den »schiitischen Halbmond«, der nun über der Region hing, hatte König Abdullah zum ersten Mal so benannt – oder auch in Ägypten, wo Hosni Mubarak 2006 an der Loyalität der arabischen Schiiten zweifelte. Und Iran spielte auf dem irakischen Schachbrett natürlich auch seine eigenen Züge gegen die Amerikaner. Welche Genugtuung für die Iraner, die Supermacht so hilflos zu sehen.

Und aus aller Herren Länder setzten sich die sunnitischen Jihadisten in Richtung Irak in Bewegung – wo sie die Verlierer von 2003 einsammelten. Erst ab 2007, als sie in einem Albtraum des gegenseitigen Abschlachtens von Sunniten und Schiiten erwachten, begannen die »Aufständischen«, sich wieder von Al-Qaida abzuwenden.

Aber die Saat war gesät, sie blieb in der Erde, und mit Ausbruch des Aufstands in Syrien begann sie wieder zu sprießen. Schon Musab al-Zarqawi, der 2006 getötete Chef der irakischen Al-Qaida, hatte immer nicht nur für den Irak, sondern für den ganzen Raum gedacht, »Bilad al-Sham«, Großsyrien mit dem Westirak. Die Jihadisten in Syrien knüpfen direkt an Zarqawi an, wenn sie ihre Ablehnung der »Sykes-Picot-Grenzen« – der nach dem Ersten Weltkrieg entstandenen britisch-französischen Ordnung für die Region – proklamieren. Der erste Anlauf der Jihadisten im Irak scheiterte, jetzt kommt die nächste Chance. Syrien ist nur der Beginn. Auch der Libanon muss befreit werden, und Jordanien, die britische Kreation, Palästina ohnehin.

Die Waffenlüge

Der spätere Syrien-Vermittler Lakhdar Brahimi, der 2004 im Auftrag der UNO im Irak die erste Bildung einer (ernannten) Regierung leitete, hielt sich 2007 für ein Gastsemester in Princeton auf. Von dort aus kontaktierte er mit dem Irak befasste Bekannte – unter anderem mich – und fragte deren Meinung dazu ab, was die USA denn tatsächlich zum Einmarsch in den Irak veranlasst habe. 2011, zum zehnten Jahrestag von 9/11, stellte ich ihm in einem Interview seine eigene Frage, wollte wissen, zu welchem Schluss er gekommen sei. Er habe noch nie eine befriedigende Antwort gehört, sagte Brahimi. Das mache alles einfach keinen Sinn.

Zum zehnten Jahrestag wurden auch die Massenvernichtungswaffen wieder ausgegraben, die ja als Kriegsgrund vorgeschoben worden waren: der berühmte Atompilz, den es zu verhindern galt. Wenn das eine Verschwörung war, dann waren tatsächlich nur wenige beteiligt: Es heißt zum Beispiel, dass sich Bushs damaliger Außenminister Colin Powell von der Schande, mit der Präsentation seines »mobilen Biowaffenlabors« vor dem UNO-Sicherheitsrat Erfüllungsgehilfe geworden zu sein, persönlich nicht mehr erholt.

Die Frage lautet meist »What went wrong?«: Gemeint ist das Versagen der Geheimdienste, welche die Gefahr, die vom

Irak ausging, überschätzt hätten. Aber man muss nicht so radikal sein wie Jeremy R. Hammond in »Die Lügen, die zum Irak-Krieg führten«[4], um zu vermuten, dass eigentlich nichts schiefgegangen war: Es war kein »Versagen«. Es war eine äußerst erfolgreiche Desinformationskampagne.

Nicht die Realität erzeugte die Politik, sondern die Politik die Realität. Dass die Argumente schwach waren, zeigte nicht die Schwäche der USA – dass sie gar keine Argumente, die einer Überprüfung standhielten, brauchten, zeigte ganz im Gegenteil ihre Stärke. Der Legitimationsaufwand war gering: Die Aluminiumhülsen sind ungeeignet für ein Uran-Anreicherungsprogramm? Das Dokument, das beweist, dass der Irak in Niger Uran einkaufen wollte, ist plump gefälscht? Ändert das etwas daran, wie man Massenvernichtungswaffen buchstabiert? Mit I wie Irak?

Viel ist da noch aufzuarbeiten: In Wahrheit beginnt ja die Geschichte viel früher. Nur von 2003 ist immer die Rede, nicht aber davon, dass der Irak bereits im Dezember 1998, als US-Präsident Bill Clinton das Land mit der Operation Desert Fox abstrafte, keine Massenvernichtungswaffen und -programme mehr hatte, seit Jahren schon nicht mehr. Man müsste sich etwa noch einmal genauer das Jahr 1997 ansehen. Da bereitete das Iraq Action Team der Internationalen Atomenergiebehörde (IAEA) einen umfassenden Bericht über die Zerschlagung des irakischen Atomprogramms vor. Die inhärente Botschaft des Berichts war, dass die »Abrüstungsphase« (wobei der Irak nie eine Waffe produziert hatte) vorbei sei. Trotz einzelner nicht völlig aufgeklärter Fragen meist nichttechnischer Natur (etwa der Verschleierungsmechanismen innerhalb des Regimes) sollte die zukünftige Hauptarbeit der IAEA-Inspektoren auf Kontrolle und Verifikation liegen – damit sich an diesem atomaren Null-Status nichts ändere.

Die US-Diplomatie begann gegen diese Linie des Berichts Sturm zu laufen, der IAEA wurde wenig subtil mit Konsequenzen gedroht. Für jedes Argument der IAEA war sofort ein US-Gegenargument da – prompt geliefert von den Geheimdiensten. Der damalige US-Staatssekretär für Non-Proliferation, Robert Einhorn, der 1997 einer derer war, die Druck auf die IAEA erzeugten, bestätigte mir »a kind of perverse role by policy makers who thought they were doing fairly innocent things«. So begann die Produktion politisch gewünschter Geheimdienstinformation.

Die politische Motivation der USA ist nachzuvollziehen: Der Irak unter Saddam Hussein sollte »eingefroren« bleiben, ein IAEA-Bericht, der einen Abschluss einer Abrüstung auch nur andeutete, war kontraproduktiv. Aber wann hat sich der Untermauerungsapparat, der für diese Politik gebraucht wurde, verselbstständigt? Ab wann haben die Produzenten der Informationen selbst daran geglaubt? Oder haben sie das ohnehin nicht? Es war ein gewisses Risiko für die USA, 2002 noch einmal eine Inspektionsphase zuzulassen: Aber auf Saddam Hussein war insofern Verlass, als er vielleicht den Amerikanern gegenüber, aber bestimmt nicht bei seinem Nachbarn Iran, die Hosen völlig heruntergelassen hätte, um es einmal salopp zu sagen. Weil da nämlich nichts darunter gewesen wäre. Das will kein Diktator herzeigen. Und diesen Abklatsch seines früheren Selbst haben die USA im April 2003 gestürzt, nicht den mächtigen Saddam der 1980er Jahre.

Baghdad Memories

*Ein Besuch beim päpstlichen Nuntius und einer
beim chaldäischen Patriarchen*

Eines der Anliegen des damaligen österreichischen Außenministers Michael Spindelegger war, sich um die Christen im Nahen Osten zu kümmern. Das ist ein durchaus nobles Ziel, bei dem man aber auch nicht vergessen darf, dass es indirekt einem von islamischen Extremisten erhobenen Vorwurf gegen die orientalischen Christen Auftrieb gibt: dass sie in ganz enger Verbindung mit »außen« stehen, dass sie die Vorhut kolonialistischer oder imperialistischer Kräfte sind, die neben ihren finsteren politischen Plänen auch ein Projekt der Rechristianisierung – so dumm sind auch die Extremisten nicht, dass sie nicht wüssten, dass die Christen vor den Muslimen da waren – in petto haben. Im November 2011 war Spindelegger während eines Bagdad-Besuchs auch bei einem chaldäischen Bischof, der sich vom heiligen Michael aber partout nicht retten lassen wollte: Er bestritt, dass es den Christen im Irak so schlecht gehe wie allgemein kolportiert. Bei mir rief das eigene Erinnerungen zurück, wie das damals war in Bagdad.

»Damals« war 2006, und der Irak war dabei, in einen Bürgerkrieg abzurutschen. Das war in diesem Ausmaß nicht vorauszusehen gewesen, als mich Außenministerin Ursula Plassnik im Dezember 2005 von der Zeitung wegholte und als Sondergesandte in den Irak schickte. Aber trotz der scheußlichen Sicherheitslage versuchte ich meinen diplomatischen Pflichten nachzukommen. Und weil ich alles so machen wollte, wie es sich gehört – ganz typisch für Quereinsteiger –, setzte ich auch den päpstlichen Nuntius auf meine Besuchsliste.

Dieser stand damals nach einem Aufenthalt von fünf Jahren in Bagdad kurz vor seiner Abreise nach Italien – er wurde dann auch nicht ersetzt – und verließ kaum noch die Nuntiatur, die in einer sehr unruhigen Gegend lag, in der es fast täglich zu Angriffen kam. Der Komplex präsentierte sich als eine kleine Festung: Es war schon ein Autobombenanschlag auf das Haus verübt worden. Als wir – ich in dem mittleren von drei gepanzerten Fahrzeugen mit sechs Security-Leuten – nach dem Besuch wieder abfahren wollten, saßen wir erst einmal fest und konnten die Anlage längere Zeit nicht verlassen, weil die Umgebung zu unsicher war.

Das Gespräch mit dem Nuntius begann mit einer großen Klage, allerdings gegen die Amerikaner. Der Gesandte des Papstes wurde von ihnen, wie man so schön sagt, nicht einmal ignoriert, er hatte weder den damaligen US-Botschafter noch dessen Vorgänger je gesehen. Das Verhältnis war so schlecht, weil sich die US-Truppen während der Invasion im April 2003 geweigert hatten, die Nuntiatur als Botschaft anzuerkennen – sie erklärten sie zum »Liaison Office« des Vatikan. Warum sie das taten, konnte ich nie erfragen.

Der Nuntius erzählte von den Angriffswellen gegen Christen und deren Kirchen – im Januar 2006 war es die fünfte gewesen. Damals hatte man beschlossen, dass die Pfarren die beschädigten Kirchen nicht mehr immer gleich wieder herrichten lassen würden. Nicht nur, weil ja ohnehin ein neuer Schaden drohte, sondern auch, weil das eine Einladung für Kidnapper war: Wenn die christlichen Gemeinschaften genug Geld hätten, ihre Kirchen zu reparieren, dann werde wohl auch genügend da sein, um Lösegelder für Entführte zu zahlen. Als besonders schlimm schilderte der Nuntius die Situation in Mossul: Dort hätten sunnitische Extremisten die

Losung ausgegeben, dass man keine Häuser von Christen kaufen solle – man werde sie ohnehin bald gratis bekommen.

Der Nuntius bekannte aber auch ganz offen, dass die Christen unter der Tatsache litten, dass sie unter Saddam Hussein relativ gut gestellt waren – soweit man das von irgendjemand sagen konnte. Sie waren gut repräsentiert in staatserhaltenden Berufen, Saddam hatte sie erfolgreich kooptiert. Ähnlich wie in Syrien gelang es dem Regime, sich den Christen als Bollwerk gegen den islamistischen Extremismus zu verkaufen – und ganz gelogen war das ja nicht. Nach dem Untergang Saddams mussten sie nun dafür bezahlen, wobei sie absurderweise gleichzeitig auch den Eroberern zugerechnet wurden, als deren »fünfte Kolonne«. Die Christen, die für den Staat arbeiteten, waren nach 2003 oft Ziel von Fememorden; kurz vor meinem Besuch war eine etwa 70-jährige geistliche Schuldirektorin erschossen worden. Von der irakischen Regierung war laut Nuntius kein Schutz zu erwarten, auch die neue Verfassung und das neue Familiengesetz waren in dieser Beziehung eine große Enttäuschung. Vor allem beklagte er sich aber darüber, dass alle Unannehmlichkeiten und Angriffe, die die Christen von sunnitischen und schiitischen Islamisten zu erleiden hätten, vom Staat, auch vom irakischen Außenministerium (das ja nicht von Islamisten, sondern von einem Kurden geführt wurde), systematisch heruntergespielt würden.

Die Tendenz, die Probleme zu beschönigen, hat sich erhalten – wobei die Sicherheitslage 2011, als Spindelegger in den Irak fuhr, mit der 2006 natürlich gar nicht zu vergleichen war, dagegen herrschte 2011 ja fast himmlischer Friede. Aber dass ein Priester – wie der von Spindelegger besuchte Auxiliarbischof in Bagdad – sich so gar nichts zu sagen traute gegen die staatliche Autorität, sondern versicherte, dass eigentlich ohnehin alles bestens sei, das erinnerte eher schon wieder an Saddams Zeiten. Das war damals ganz typisch.

Eine Satellitenschüssel für den Patriarchen

Womit wir beim Besuch beim Patriarchen von Babylon wären, denn der hatte etwa zehn Jahre früher, zu Saddam Husseins Zeiten, stattgefunden, Mitte der 1990er Jahre. Der chaldäische Patriarch war damals der Vorgänger von Mar Emmanuel III. Delly, den Spindelegger auf seiner Bagdad-Reise vergeblich zu treffen gehofft hatte. Der bereits betagte Patriarch der mit Rom unierten chaldäischen Kirche, den ich in den 1990er Jahren traf, war Raphael I. Bidawid. Er starb im Juli 2003 – also bereits nach dem Sturz Saddams –, allerdings in Beirut, wohin er sich immer öfter zurückgezogen hatte. Delly, sein Nachfolger, der erste chaldäische Kardinal, trat im Dezember 2012 zurück, nach ihm wurde der kluge und sympathische Louis Raphael I. Sako, zuvor Erzbischof von Kirkuk, von der chaldäischen Bischofssynode Ende Januar 2013 in Rom gewählt.

Bagdad war in den 1990er Jahren zwar nicht mehr vom Krieg, aber von den internationalen Wirtschaftssanktionen, den bisher strengsten der Geschichte, verwüstet. Diese Verwüstung führte auch – nahezu unbemerkt von außen – zu einer Korrosion der staatlichen Autorität. Der autoritäre Staat war längst einem weitgehend »nur« kriminellen gewichen. Interessanterweise verschaffte das Journalisten wie mir mehr Bewegungsfreiheit, als früher im Irak überhaupt vorstellbar war. Denn auch die irakischen »Minder«, die einem als Spitzel mitgegeben wurden, hatten anderes im Sinn, als diesem Staat zu dienen. Ein Aufpasser, der mich an dem Tag begleiten sollte, an dem der Besuch beim chaldäischen Patriarchen vorgesehen war, bat mich fast verzweifelt, auf seine Gesellschaft zu verzichten, aber nichts davon im Informationsministerium – einstmals das mit dem größten Budget der Welt – zu sagen. Die Geschichte war so: Er hatte sein Auto verkauft, um ein kleineres, billigeres zu kaufen und mit dem

Restgeld Rechnungen zu bezahlen. Nun war ihm aber im letzten Moment der Verkäufer seines nächsten Autos abgesprungen, und er stand mit dem Geld da, das – ohne Übertreibung – stündlich an Wert verlor. Das war die Zeit, in der die Iraker vorrechneten, dass es billiger sei, seine Wände mit Geld zu tapezieren als Tapeten zu kaufen. Mein Minder musste sich schnell um ein anderes Auto umsehen, um sein Geld wieder loszuwerden.

Und so kam es dazu, dass mich nicht der Mann vom Informationsministerium, sondern mein Freund S. zum Patriarchen Raphael begleitete. Ich war angemeldet, aber offenbar nicht genau genug, denn der Patriarch ließ uns warten und kam dann ganz offensichtlich direkt aus seinem Mittagsschlaf. Das große goldene Kreuz hatte er angelegt – die Filzpatschen gegen Schuhe zu tauschen, hatte er vergessen. Patriarch Raphael war bekannt als einer, der immer ein paar freundliche Worte für das Regime von Saddam Hussein übrig hatte: Wollen wir einmal annehmen, dass er das nicht freiwillig tat. Jedenfalls war eine Konversation zu diesem Thema unergiebig und dem Patriarchen wohl auch bald langweilig. Jedenfalls widmete er sich bald meinem Begleiter, über den ich ihm sagte, dass es sich um einen vertrauten Freund handle, und mit dem er sich bald bestens unterhielt.

S. war früher Ingenieur bei der Armee und danach bei diversen westlichen Firmen angestellt gewesen, die den Irak in der Sanktionszeit alle verlassen hatten. Von Arbeitslosigkeit geplagt, hatte er Mitte der 1990er Jahre eine wunderbare Geschäftsidee – die jedoch den Fehler hatte, dass sie ganz und gar illegal war: S. ließ sich Bestandteile von Satellitenschüsseln aus Jordanien in den Irak schmuggeln, wo er sie zusammensetzte und verkaufte. Nicht nur das Schmuggeln war verboten, sondern auch die Satellitenschüsseln an sich. S. zeigte mir die seine, auf dem Dach unter der aufgehängten Wäsche versteckt. Der Empfang war nicht ungetrübt, aber ein Fenster in die Welt, und S. war sehr stolz darauf, dass er die Behörden tagtäglich hineinlegte. Und meine Freunde waren wohlinformiert. Meine Verwunderung war immer wieder groß, wie Menschen, die so lange in einer hermetischen Diktatur gelebt hatten – eigentlich ihr gesamtes Leben –, so viel von der Welt wissen und sie so vernünftig und objektiv beurteilen konnten. Es war, als ob sie gegen jede Art von Propaganda immun wären. Leider hatte diese Art von Irakern nach 2003 keine Chance, das Ruder ergriffen andere, mit ihrer eigenen Art der geistigen Verengung.

Aber zurück zu Mar Raphael I.: Mein Besuch beim chaldäischen Patriarchen von Babylon endete jedenfalls damit, dass mein Freund S. diesem eine illegale Satellitenschüssel verkaufte. Ich müsste lügen, wenn ich behauptete, dass ich mit Gewissheit sagen kann, dass das Geschäft und die Installation der bischöflichen Schüssel auch tatsächlich wie geplant vonstattengingen: Aber ich kann mich nicht erinnern, dass S. später etwas Gegenteiliges erzählt hat. Übrigens wurde S. ein paar Jahre später tatsächlich verpfiffen oder sonst irgendwie aufgedeckt: Aber was ein paar Jahre früher für ihn in einer Katastrophe – zumindest mit Gefängnis – enden hätte können, war damals schon relativ leicht durch Geld zu regeln. Die »Republik der Angst« existierte nicht mehr. Sie war ein einfacher Mafiastaat geworden.

Die Angst der Christen in Nahost

Und der Irak von heute? Dass er kein Land mehr ist, in dem Christen in Ruhe und Sicherheit leben können, ist fast schon eine Binsenweisheit. Aber die Lage hat sich für die Christen auch in anderen arabischen Ländern verschlechtert, am meisten natürlich im Bürgerkriegsland Syrien, das für das gute Zusammenleben unterschiedlicher Religionsgruppen immer zu Recht gerühmt wurde. Die postkolonialen diktatorischen Regime hatten den christenfeindlichen Extremismus in Schach gehalten – im Gegenzug hatten sie »ihre« Christen zum Teil erfolgreich auf ihre Seite gezogen: von Tarik Aziz, Saddam Husseins Langzeitaußenminister, über den inzwischen verstorbenen Koptenpapst Shenouda, der Hosni Mubarak bis zuletzt treu blieb, bis zu den syrischen Christen, die teilweise das, was danach kommen könnte, viel mehr fürchten als den Mangel an Demokratie unter Assad.

Wasserdichte Zahlen über den christlichen Exodus gibt es nicht, eine der Schätzungen besagt, dass zu Beginn des 20. Jahrhunderts im Nahen Osten etwa zwanzig Prozent der Bevölkerung Christen waren, und dass dieser Anteil 2012 auf etwa fünf Prozent gefallen ist. Nicht nur Auswanderung aufgrund von Verfolgung ist dafür verantwortlich, sondern auch die niedrigere Geburtenrate – die auf Wohlstand hinweist – und Emigration aus wirtschaftlichen Gründen. Oft gehen Christen auch weg, ohne sich festzulegen, ob es nur temporär oder definitiv ist. Das geschieht natürlich auch, um Besitzansprüche leichter aufrechterhalten zu können. Aber das macht Statistiken ungenau. Das Christentum im Irak, namentlich die chaldäische Kirche, hat in den vergangenen Jahren besonders gelitten: Ein Zeichen dafür ist zum Beispiel, dass 2006 der letzte Erzbischof aus Basra, das seit dem 5. Jahrhundert Erzbischofssitz war, abberufen wurde. Die Diözese gilt nun als erloschen. Dass Gabriel Kassab nach Sydney versetzt wurde, um dort das neu begründete chaldäische Bistum für Ozeanien zu leiten, zeigt, wo »seine« Christen jetzt sind. Der Erzbischof von Mossul, Paul Faraj Rahho, wurde 2008 entführt und ermordet. Nach den irakischen sind nun die syrischen christlichen Funktionäre dran. Das Schicksal zweier 2013 in Syrien entführter Bischöfe, Yohanna Ibrahim (syrisch-orthodox) und Boulos Yazigi (griechisch-orthodox), ist zu Redaktionsschluss dieses Buches noch immer ungeklärt. Für dreizehn von Islamisten aus ihrem Kloster in Maalula entführte Ordensfrauen ging das Abenteuer glimpflich aus, sie wurden nach vier Monaten im März 2014 im Austausch mit weiblichen Gefangenen des syrischen Regimes freigelassen, ein seltener Lichtblick.

Muqtada al-Sadr und die hungrigen Wölfe

Der irakische Schiitenführer prägte den Irak im Jahrzehnt nach der US-Invasion wie kein anderer

Den Irak, den Muqtada al-Sadr in seiner Rede zum Abschied aus der Parteipolitik im Februar 2014 so düster beschrieb, hat er wie kaum ein anderer mitgestaltet: Mit ihm zog sich einer der auffälligsten politischen Führer zurück, die der Irak in den elf Jahren, die seit der US-Invasion im März 2003 bis zu Sadrs Exit vergangen sind, gehabt hat. Der mittlerweile 40-jährige, untersetzte schiitische Geistliche, in dessen schwarzem Bart und Haar nun Grau gemischt ist, hatte nie ein politisches Amt inne. Aber er hat wie keine andere öffentliche Figur im neuen Irak Menschen politisch mobilisiert – und seine Gegner frustriert und polarisiert. Sein realer politischer Einfluss ist schnell erklärt, wenn man daran erinnert, dass er 2010 der Königsmacher war, der Ministerpräsident Nuri al-Maliki eine Mehrheit im Parlament und dadurch eine zweite Amtszeit ermöglichte. Vier Jahre später, zwei Monate vor den Wahlen, griff er Maliki in seiner Abschiedsrede in einer noch nie dagewesen Schärfe an: Der Irak werde heute von einem »Rudel von nach Macht und Geld hungriger Wölfe« geführt, sagte er. Im Sommer 2014 trommelte er Zehntausende Schiiten zur Aufstellung einer »Friedensarmee« zusammen, die sich den vorrückenden Jihadisten des Islamischen Staats entgegenstellen sollte.

Das Phänomen Muqtada al-Sadr lässt sich nicht begreifen, ohne tief in die Ära Saddam Hussein einzutauchen. Muqtada, im Jahr der US-Invasion 29 Jahre alt, war der Überlebende einer berühmten, über den Libanon, den Irak und den Iran verbreiteten klerikalen schiitischen Dynastie, deren irakische Exponenten unter Saddam systematisch verfolgt und umgebracht wurden. Die Sadrs führen ihre Abstammung auf den siebten schiitischen Imam, Moussa al-Kadhim (799 wahrscheinlich von den Abbasiden umgebracht) zurück, sie sind als Sayyids, Abkömmlinge des Propheten, am schwarzen Turban zu erkennen. Muqtada al-Sadrs Vater Muhammad Muhammad Sadiq al-Sadr war Großayatollah und wurde im Februar 1999 gemeinsam mit zwei anderen Söhnen, Brüdern Muqtadas, von Saddams Schergen ermordet – wobei sich das vom Regime gestreute Gerücht, es habe sich um einen schiitischen Insider-Job gehandelt, in den auch der Iran verwickelt war, in antischiitischen irakischen Kreisen bis heute hält. Es wurden sogar einige Personen vom Regime für diesen Mord hingerichtet. Dass diese wirklich die Täter waren, glaubte niemand, ganz im Gegenteil, die »Ermittlungen« waren wohl ein Weg, gegen andere unliebsame Schiiten vorzugehen.

Der junge Sadr lebte danach mehr oder weniger im Untergrund. Allein der Name seiner Familie war vielen Schiiten ein Heilsversprechen. In der zerbröselnden Staatsautorität der letzten Saddam-Jahre gehörten die Schia und ihre Institutionen zu den wenigen funktionierenden Strukturen (auf dem Land waren das die Stämme), die bereitstanden, als 2003 der Zusammenbruch kam. Die amerikanischen Truppen hatten im April noch nicht Bagdad erreicht, als der Stadtteil Saddam-City bereits in Sadr-City umbenannt war und die letzten Reste der Baath-Behörden hinausgeworfen wurden.

Und plötzlich war er wieder da, Muqtada al-Sadr, der als einziger wichtiger Exponent seiner Familie noch am Leben war. Hunderttausende junger Schiiten, darunter die Ärmsten der Armen, eine ganze verlorene Generation unter Saddam Hussein, nahmen ihn begeistert auf. Muqtada, seine Bewegung und danach seine Mahdi-Armee wurden zum Auffangbecken der Entrechteten, darunter viele, die auf die große Konfrontation gewartet hatten – mit den Sunniten, mit den Amerikanern, »die Saddam Hussein an der Macht gehalten« hatten, was eine weitverbreitete Meinung im Irak war, nachdem die USA Saddam Hussein 1991 nach dem von ihm verlorenen Golfkrieg nicht nur nicht gestürzt, sondern ihm auch noch gestattet hatten, den Aufstand im schiitischen Süden des Irak brutal niederzuschlagen.

Auch die sozialen Konflikte im Irak gehören ins Bild, will man die sadristische Bewegung verstehen: Die tiefe Kluft zwischen den bürgerlichen Schiiten, der Landbesitzerklasse, den Handwerkern und Gewerbetreibenden und denen, die gar nichts haben, den Bewohnern der schiitischen Slums wie Saddam-City in Bagdad. Der unbeholfen wirkende Muqtada al-Sadr war ihr Mann, der über Emotionen mit ihnen kommunizierte, während sich die Gebildeten über ihn lustig machten und sogar Gerüchte über seine angebliche »Behinderung« ausstreuten.

Die Klerikerfamilie Sadr

Sadr-City – bei seiner Gründung durch General Qassim hieß der Bagdader Stadtteil Thawra-City, Revolutionsstadt – ist nicht nach Muqtada, sondern nach seinem bereits erwähnten Vater benannt: Muhammad Muhammad Sadiq al-Sadr (manchmal der Einfachheit halber Sadr II genannt) hatte sich bereits, wie später sein Sohn, an die armen Schiiten aus den unteren Schichten gewandt. Das Saddam-Regime ließ ihn lange gewähren, er war eine willkommene Konkurrenz zu den anderen mächtigen schiitischen Ayatollahs in Najaf, der den Schiiten heiligen Stadt. Aber in den späteren 1990er Jahren lehnte er sich immer offener gegen die staatliche Obrigkeit auf. Legendär ist, dass er, als er von Saddams wachsendem Unmut erfuhr, seine Freitagspredigt in Najaf in ein Leichentuch gehüllt hielt. Kurze Zeit später wurde er ermordet.

Aber dieser Sadr war nicht einmal der berühmteste: Das war Muhammad Baqir al-Sadr, Sadr I: Dieser war ein Cousin von Muqtadas Vater, und er war auch der Vater von Muqtadas Frau, also Muqtadas zukünftiger Schwiegervater. Über seine Hinrichtung, gemeinsam mit seiner charismatischen Schwester Bint al-Huda im Jahr 1980, kursieren grausige Details. Dieser Sadr war ein islamischer Denker von großem Gewicht und in den 1950er Jahren einer der Mitbegründer der Dawa-Partei, der ältesten schiitischen Partei im Irak. Seine über die islamische Revolution im Iran unter Ruhollah Khomeini geäußerte Begeisterung wurde ihm zum Verhängnis. Wobei festzuhalten ist, dass sich die von Sadr entworfenen Staatstheorien prinzipiell von dem Khomeinischen System, nach dem die Islamische Republik Iran geformt wurde, unterscheiden.

Die Positionierung Muqtada al-Sadrs nach dem Sturz Saddam Husseins im April 2003 war dadurch bedingt, dass die anderen irakischen Schiiten mit den USA kooperierten: Der – wie er damals noch hieß – Höchste Rat der Islamischen Revolution im Irak (SCIRI) hatte aktiv die US-Invasion unterstützt, aber auch die Dawa-Partei arbeitete in den von den Amerikanern geschaffenen politischen Strukturen mit. Das war gleich zu Beginn der Interim Governing Council (IGC), mit dem zum ersten Mal im Irak eine ethnisch/konfessionell besetzte Institution eingeführt wurde, damals sprach man von »Libanonisierung«. Sadr hingegen trat von Anfang an gegen die »amerikanische Besatzung« auf – völkerrechtlich war sie das ja auch, aber nur bis zu dem Zeitpunkt, an dem der UNO-Sicherheitsrat den USA ein Mandat erteilte, das er für den Krieg verweigert hatte. Sadr attackierte nicht nur die Amerikaner, sondern auch die schiitischen Führer, die da mitmachten. Das Ziel seiner – damals noch verbalen – Angriffe waren bald auch die Ayatollahs in Najaf, denen er in seiner Zeitung »Al-Hawza« ihren unzeitgemäßen politischen Quietismus und mangelnden irakischen Patriotismus vorwarf: Ayatollah Ali Sistani, der stärkste unter den Großayatollahs, stammt ja, wie schon der Name sagt, aus dem Iran – als es 2005 zu den ersten Wahlen im Irak kam, stellte sich heraus, dass er nicht einmal einen irakischen Pass besaß.

Machtkämpfe

Sadrs Wüten gegen die »Kooperation« der Schiiten ging so weit, dass im April 2003 ein Sadr zuordenbarer Mob in Najaf den aus dem Ausland heimgekehrten schiitischen Geistlichen Abdulmajid al-Khoei in der Imam-Ali-Moschee angriff und tötete. Khoei war wie Sadr der Spross einer berühmten klerikalen Familie und der – nicht nur unter Schiiten – hochangesehene Sohn eines Großayatollahs. Die wildesten Gerüchte ranken sich um diese Tat: Gesichert ist, dass Khoei mit dem von Saddam Hussein eingesetzten Verwalter der Moschee unterwegs war und die Gewalt der Sadr-Anhänger sich offenbar zuerst gegen diesen richtete, Khoei jedoch dann ebenfalls attackiert wurde und an seinen Verletzungen starb – wie es Erzählungen wollen, an der Schwelle von Muqtadas Haus, der jede Hilfeleistung verweigerte. Sowohl die US-Verwaltung im Irak als auch die irakische Justiz erließen später einen Haftbefehl gegen Sadr, weswegen Bagdad für ihn tabu wurde und er sich in Najaf einbunkerte.

Es heißt, dass Sadr mit Khoei einen starken Konkurrenten aus dem Weg schaffen wollte. Ein anderer, Ayatollah

Mohammed Baqir al-Hakim, wurde im August 2003 bei einem großen Attentat in Najaf getötet, das jedoch zweifelsfrei sunnitischen Extremisten zugerechnet werden kann. Man muss klarstellen, dass Muqtada al-Sadr niemals, bis heute nicht, das Gewicht als religiöser Gelehrter hatte, das ihm erlaubt hätte, einen wichtigen Platz in der Hierarchie der schiitischen Gelehrten einzunehmen und Khoei oder Hakim zu ersetzen. Es ging um politische Macht. Zu Muqtada al-Sadrs Bedeutung trug bei, dass 2003 in der iranischen Gelehrtenstadt Ghom der irakisch-stämmige Ayatollah Kazem al-Haeri dem jungen Sadr sozusagen eine Vollmacht erteilte, im Irak in seinem Namen zu sprechen und zu agieren. Auch dabei ging es im Wesentlichen stets um politische Angelegenheiten, nicht um geistliche. Als die Mahdi-Armee immer radikaler wurde und Sadr versuchte, die Imam-Ali-Moschee in Najaf zuungunsten Ayatollah Sistanis unter seine Kontrolle zu bringen, entzog Haeri ihm diese Unterstützung wieder.

So führte Muqtada al-Sadr also einerseits gegen die Amerikaner Krieg und zettelte einen Machtkampf in Najaf an – den er verlor –, andererseits stieg seine Gruppierung, gemeinhin Sadristen genannt, in den politischen Prozess ein und nahm an den ab 2005 stattfindenden Wahlen erfolgreich teil. Als im Jahr 2006 das Land in den Bürgerkrieg abglitt, gehörte Sadrs militanter Arm, die Mahdi-Armee oder JEM, wie die Amerikaner sie nannten (für Jaysh al-Mahdi), zu den Milizen, die sunnitische Zivilisten umbrachten. Sadr übte damals aber nur mehr bedingt Kontrolle über seine Truppe aus: Selbst wenn er gewollt hätte, wäre er wohl unfähig gewesen, das Morden seiner Leute zu stoppen. Sein damaliger Rückzug in den Iran, zum theologischen Studium, ist auch als Reaktion darauf zu verstehen. Seine eigene Passivität, die dann auch den ihm loyalen Teil der Mahdi-Armee erfasste, trug neben anderen noch wichtigeren Faktoren – etwa, dass sich die sunnitischen Stämme von Al-Qaida abwandten – dazu bei, dass 2007 der

»surge«, die Truppenaufstockung der US-Armee, griff und der Bürgerkrieg im Irak beendet werden konnte.

Gleichzeitig machte Premier Nuri al-Maliki, seit Frühsommer 2006 im Amt, noch den Resten der Mahdi-Armee und ihren radikalen Ablegern – die Hilfe von den Hardlinern im Iran bekamen – im Südirak den Garaus und dämmte die radikalen Schiiten in Sadr-City erfolgreich ein: Der Schiit Maliki bekämpfte die Schiiten, und Sadr hat ihm das nie verziehen. Trotzdem, als der knappe Wahlverlierer Maliki 2010 Sadrs Stimmen brauchte, um zum zweiten Mal Premier zu werden, bekam er die auch – wie es heißt, hatte der Iran dafür gesorgt. Vielleicht war es auch das, was Maliki im Februar 2014 zum Rückzug veranlasste: Die Wahlen standen vor der Tür, und er wollte nicht noch einmal zur Verfügung stehen, um die Wünsche Teherans zu erfüllen.

Was den Iran betrifft, ist Sadr gewiss ein Gespaltener: Trotz der Unterstützung, die er von dort für seinen Kampf gegen die Amerikaner erhielt, und obwohl er sich 2007 für fast drei Jahre ins iranische Ghom zurückzog, um zu studieren – damals nur ein Rückzug auf Zeit –, hat er sich immer als irakischer Nationalist stilisiert und auch die intellektuelle Unabhängigkeit der irakischen Mullahs vom Iran betont. Als »echter Iraker« äußerte er auch immer wieder Verständnis für die Ressentiments und Klagen, die die irakischen Sunniten gegen die Regierung Maliki hatten, und unterstützte lautstark deren Anliegen. Es könnte auch sein, dass er zunehmend fürchten musste, diesen Spagat nicht mehr zu schaffen: Seine Gruppierung im Parlament, die Sadristen, könnten in einem Klima der wieder zunehmenden Konfessionalisierung – ein Kollateralschaden des syrischen Bürgerkriegs – die Rechnung für die sunnitenfreundliche Haltung ihres Chefs präsentiert bekommen. Maliki versuchte ja stets, alles was in der sunnitischen Provinz Anbar vor sich ging, als Krieg zwischen Al-Qaida und dem Irak darzustellen, und hatte damit bei vielen religiösen Schiiten Erfolg. Dass die meisten Bewohner der von den Jihadisten infizierten Gebiete sowohl diese als auch der irakischen Regierung feindlich gegenüberstehen und dass sie gute Gründe für ihre Wut auf Maliki haben, ist für die meisten viel zu komplex.

Die verhinderte Reise nach Najaf

Am Schluss eine persönliche Reminiszenz: Als ich 2006 Sondergesandte des österreichischen EU-Ratsvorsitzes in Bagdad war, erhielt ich über Vermittler die Nachricht, Muqtada al-Sadr wolle mich sprechen – höchstwahrscheinlich überschätzte er meine Position und dachte, ich sei eine ganz hohe Vertreterin Europas. Ich sollte dazu nach Najaf kommen, denn Bagdad war für ihn tabu, dort hätten ihn die Amerikaner verhaftet. Die Briten, die zweitgrößten ausländischen Truppensteller im Irak, waren sehr angetan von der Idee, dass ich Kontakt zu Sadr aufnehmen und ihm ihre Botschaften überbringen würde: Die Sicherheitssituation des britisch kontrollierten schiitischen Südens hatte sich deutlich verschlechtert, und man suchte das Gespräch – das Sadr jedoch verweigerte, denn mit Besatzern, gleich ob Amerikanern oder Briten oder anderen, sprach er nicht. Ich selbst war dazu bereit und auch das österreichische Außenministerium war prinzipiell damit einverstanden – es blieb nur die schwierige Frage, wie ich nach Najaf kommen sollte, und ob man das Risiko eingehen könne, dass ich dort allein auf die Sicherheit angewiesen wäre, die Sadr mir bieten würde: Niemand hätte mich ja zu ihm bringen können außer seinen eigenen Leuten. Das größte Problem jedoch war, dass Najaf in das amerikanische Militärgebiet fiel, das heißt, die Briten hatten dort keine militärische Infrastruktur. Ich war also abhängig davon, von der US-Armee per Hubschrauber nach Najaf –

oder, genauer gesagt, auf die US-Armeebasis in der Nähe von Najaf – transportiert zu werden. Diese Hilfe verweigerte die amerikanische Botschaft zuerst: Es hätte tatsächlich womöglich so ausgesehen, als stünden die USA politisch hinter meinem Besuch, und das wollten die Amerikaner nicht riskieren. Als sie schließlich – wahrscheinlich auch angesichts des beginnenden Bürgerkriegs – doch dazu bereit waren, ergaben sich Schwierigkeiten bei der Zusammenarbeit zwischen der amerikanischen und meiner britischen Security, und überhaupt war die Sicherheitslage bereits so katastrophal geworden, dass ich es am Ende auch zufrieden war, nicht nach Najaf fahren zu können.

Muqtada al-Sadr sandte mir deshalb seine beiden wichtigsten Vertreter zu einem Gespräch: Mustafa al-Yaqubi und Salah al-Obaydi. Das Treffen fand in der russischen Botschaft in Bagdad – natürlich außerhalb der von den Kriegskoalitionären dominierten Grünen Zone – statt. Es war ein deutlicher Versuch Sadrs, seine Positionen als entschieden besatzungsfeindlich, aber nicht radikal darzustellen. Vor allem betonten seine Abgesandten immer wieder, dass er keinesfalls einen religiösen Schiitenstaat à la Iran für den Irak schaffen wolle. Das war aber andererseits schon zu einer Zeit, in der die Mahdi-Armee Jagd auf Sunniten machte, etwa solche, die in eine »falsche« Moschee – eine, in der ein antischiitischer Imam predigte – beten gingen. Es gab also zwei Sadrs – einen, der zur österreichischen EU-Präsidentschaft in einer pragmatischen Sprache redete, und einen, dessen Horden im irakischen Bürgerkrieg mordeten. Das Gespräch in der russischen Botschaft blieb ohne diplomatisches Follow-up. Die Realität war längst eine andere geworden, die Zeit des Dialogs war vorbei, und der Irak versank im Gemetzel des Bruderkriegs. Muqtada al-Sadr und Najaf blieben für mich unerreichbar.

Die Angst vor den Schiiten

Nach 2011 verstärkte sich in der islamischen Welt
das sunnitisch-schiitische Misstrauen

Es war ein Vorfall, der im Juni 2013, wenige Tage vor der Absetzung des Muslimbruder-Präsidenten Muhammad Mursi – ganz Ägypten war in Aufruhr –, kaum Schlagzeilen machte: In Abu Mussallam, einem kleinen Ort in der Peripherie von Kairo, stürmte der Mob ein Haus, in dem ägyptische Schiiten gerade ein religiöses Fest feierten. Vier von ihnen wurden zu Tode geprügelt und durch die Straßen geschleift. Die Pogromstimmung überdauerte ihren Tod: Augenzeugen, darunter Nachbarn, die mit den Ermordeten Tür an Tür gelebt hatten, brüsteten sich mit den Fotos der Leichen und Videoclips der Tat, die bald im Internet zu finden waren. Dieser Hass ist ein Symptom für das große Unwohlsein in der ägyptischen und in anderen arabischen und muslimischen Gesellschaften. Das Gefühl der Gefährdung führt zur Suche nach dem Feind im Inneren. Historisch ist das für viele Sunniten die Schia.

Die Ursprünge des Konflikts

Geschätzte zehn bis zwanzig Prozent der Muslime sind Schiiten, die meisten davon gehören der so genannten »Zwölferschia« an. Der Bruch mit den Sunniten geht auf die Frage zurück, wer der rechtmäßige Führer der Muslime nach dem Tod des Propheten Muhammad war: für die Schiiten Ali

Ibn Abi Talib, Cousin und Schwiegersohn des Propheten, der ihm nach schiitischer Überzeugung die Nachfolge anvertraut hatte. Die Sunniten hingegen wollten davon nichts wissen und die Führung der Gemeinde dem »Fähigsten« anvertrauen – de facto ging das Amt an den mächtigen Clan der Bani Umayya. Der Nachfolgezwist kulminierte 680, als der umayyadische Kalif Yazid I. den Sohn Alis, Hussein, töten ließ, den dritten in der Reihe von zwölf Imamen (sein älterer Bruder Hassan arrangierte sich mit den Umayyaden). Auch Husseins Nachfolger wurden von der sunnitischen Staatsmacht verfolgt.

Die Zwölferschiiten, auch Imamiten genannt, die die größte Gruppe unter den Schiiten stellen, berufen sich auf zwölf Imame. Es gibt auch Schiitengruppen, die sich während dieser Zwölferreihe abspalteten, wie die Zaiditen (Fünferschiiten) im Jemen oder die Ismailiten (Siebenerschiiten) in ihrer großen Vielfalt. Ali Ibn Talib, Verwandter des Propheten Muhammad, und seine – laut Imamiten – elf Nachfolger hatten laut schiitischer Überzeugung nicht nur einen Anspruch auf weltliche Führung, sondern waren auch mit einer besonderen spirituellen Qualifikation ausgestattet. Die Reihe, die mit Ali beginnt, endete im 9. Jahrhundert mit dem 12. Imam Muhammad »al-Mahdi al-Muntazar« (der erwartete Mahdi), geboren 869, der, wie die Schiiten glauben, nicht starb, sondern im Kindesalter »entrückt« wurde und im Verborgenen weiterlebt. Wer die Gemeinde lenken soll, bis er zurückkehrt, ist zentrales Thema der schiitischen Lehre, wobei das für die Islamische Republik Iran von Khomeini – also in der zweiten Hälfte des 20. Jahrhunderts – erstellte Konzept des »Velayat-e faqih« (Herrschaft des Rechtsgelehrten) keineswegs von allen Schiiten akzeptiert wird.

Die Rechtfertigung für die Verfolgung von Schiiten lieferten sunnitische Theologen, der wichtigste davon Ibn Taymiya (gestorben 1328), eine wichtige Referenzquelle auch noch für heutige sunnitische Hardliner. Er verdammte die Schia als Häresie und rechtfertigte Gewalt gegen ihre Anhänger. Interessant ist, dass Ibn Taymiya auch das politische Scheitern der Schiiten unter Ali als Beleg für ihren Mangel an religiöser Legitimation anführt: Schia ist Chaos, und Sunna ist Ordnung. »Besser vierzig Jahre Tyrannei als ein Tag Aufruhr« ist ein alter Leitsatz, den man von Sunniten hören konnte, als im Irak am Tag des Sturzes des Sunniten Saddam Hussein die Plünderungen begannen.

Die Saat des Zwistes war demnach früh gelegt, aber mit dem Aufkommen der wahhabitischen Bewegung auf der arabischen Halbinsel ab der Mitte des 18. Jahrhunderts verschärfte sich die Situation noch einmal. Ihr sunnitischer Purismus veranlasste die Wahhabiten, nicht nur die Gräber ihrer eigenen lokalen Würdenträger als Gefahr für den Monotheismus zu identifizieren und einzuebnen, sondern auch die Totenschreine der Schiiten anzugreifen, was schon Anfang des 19. Jahrhunderts zu kriegerischen Exkursionen ins schiitische Kerngebiet um Najaf führte. Das ist genau die ideologische Sprache, die im Februar 2006 der Zerstörung des Askariya-Schreins (in dem der 10. und der 11. Imam begraben liegen) im irakischen Samarra zugrunde lag, ein Anschlag, der das endgültige Abrutschen des Iraks in den sunnitisch-schiitischen Bürgerkrieg einleitete. Und die im Irak vorrückenden Jihadisten ließen im Sommer 2014 wieder eine Spur der Verwüstung schiitischer Bauten hinter sich.

Das sunnitisch-schiitische Zusammenleben als quasi permanenten unterschwelligen oder gar offenen Krieg darzustellen, wäre trotzdem verfehlt. Oft war es von Misstrauen und Verachtung geprägt, aber meist nicht gewalttätig. Zu fast allen Zeiten gab es gegensätzliche Trends. Nur ein Beispiel: Die Islamische Revolution in Iran 1979 war Quelle der Inspiration und eine Stärkung für alle islamistischen politischen Gruppen, gleich ob sunnitisch oder schiitisch. Der aufbrechende politische Gegensatz zwischen Iran und Saudi-Arabien gab aber gleichzeitig den konfessionellen Unterschieden mehr Gewicht. Bis 1979 waren beide Staaten Verbündete der USA gewesen, die ihre »natürliche Konkurrenz« managten, nach dem Wegfall des Iran kam Saudi-Arabien als einzigem bedeutendem Partner der USA am Persischen Golf eine neue Bedeutung zu. Die Spannungen in sunnitisch-schiitischen Gesellschaften – etwa im Libanon oder in Bahrain – verstärkten sich.

Aber jene Muslime und Musliminnen, die die heutigen sunnitisch-schiitischen Misstöne allein einer Verschwörung von außen zuschreiben wollen, negieren völlig die Belege aus der Vergangenheit, dass die Schiiten in sunnitischen Mehrheitsgesellschaften auch schon früher als »Fünfte Kolonne« wahrgenommen wurden. Zum Beispiel: Bagdad im 10. Jahrhundert, das Abbasidenreich ist unter militärischem Druck – als Reaktion grassieren Übergriffe auf Schiiten, die als »der Grund allen Übels« bezeichnet werden. Der sunnitische Mob findet sich vor den schiitischen Moscheen ein und fordert die »Gotteslästerer« zur »Konversion zum Islam« auf. 2003, nach der US-Invasion im Irak, war wieder so ein historischer Moment, in dem die Spaltung offenbar wurde. Die Schiiten seien »auf den Panzern der Amerikaner nach Bagdad gekommen«, und sie seien gar keine richtigen Iraker, sondern Iraner. Auf einem Tonband aus dem Untergrund verkündete Saddam Hussein, George W. Bush habe, wie 1258 der Mongole Hülagü, Bagdad mit der Hilfe der »Alqami« eingenommen. Ibn al-Alqami war der – schiitische – Wesir des letzten abbasidischen Kalifen. Im sunnitischen Narrativ ist er der Verräter, der den Mongolen die Stadttore Bagdads öffnen ließ.

Der amerikanische Politologe Vali Nasr hat der Frage, was die »Befreiung« der irakischen Schiiten durch die Amerikaner für die Sunniten bedeutete, ein Buch gewidmet.[5] Als die schiitischen Gläubigen im April 2003 zum ersten Mal wieder in Massen nach Kerbala zur Wallfahrt strömten – dort fand 680 die Schlacht statt, die zum Tod Husseins führte –, ging ein Aufstöhnen durch die sunnitische Welt, schreibt er. Politische Hegemoniebefürchtungen in Bezug auf den Iran, aber ebenso Abscheu über die religiösen Praktiken, die auch dem Mainstream-Sunnit höchst suspekt sind, brachen voll hervor. Dass die diskriminierten Schiiten auch in anderen arabischen Ländern – etwa in Bahrain oder in Saudi-Arabien, das eine substanzielle schiitische Minderheit hat – an Selbstbewusstsein gewinnen mussten, lag auf der Hand.

Das irakische Trauma

Der Irak ist aber nicht erst ab 2003 ein Schlüsselland für die Ängste vor der Expansion der Schia. Bis ins späte 19. Jahrhundert stellten die Sunniten die Mehrheit im Irak, besonders in den osmanisch geprägten urbanen Zentren. Entlang der Pilgerrouten zu den heiligen schiitischen Städten Najaf und Kerbala konvertierten jedoch nach und nach viele Sunniten zur Schia, auch ganze sunnitische Stämme, aus wahrscheinlich eher pragmatischen Gründen: Es war gewiss praktischer, den gleichen Glauben zu haben wie die Pilger-Gäste. Aber wenn man einem Bagdader zu Beginn des 20. Jahrhunderts gesagt hätte, dass die Stadt noch im selben Jahrhundert eine schiitische Mehrheit haben würde, hätte er ungläubig den Kopf geschüttelt. Laut Aufzeichnungen eines amerikanischen Reisenden gab es in Bagdad, damals Hauptstadt eines osmanischen Vilayets, vor dem Ersten Weltkrieg mehr als doppelt so viele Juden (40.000) als Schiiten (15.000), bei etwa 120.000 Sunniten. Die Demografie der irakischen Hauptstadt änderte sich durch den Zuzug vom Land, wobei sich nach der antimonarchistischen Revolution von 1958 General Qassim mit der Erbauung von al-Thawra-City (Revolutionsstadt – später Saddam-City, heute Sadr-City) und der Ansiedlung der meist schiitischen Landflüchtlinge eine Hausmacht zu schaffen hoffte. Ab da nahm die schiitische Bevölkerung in Bagdad rasant zu. Saddam Hussein hielt als Diktator die schiitische Mehrheit noch unter einem brutalen Deckel – der 2003 wegflog. Damit ging der Irak nach dem Verständnis der sunnitischen Araber der arabisch-sunnitischen Welt verloren und wurde Teil der iranisch-schiitischen. Ohne sunnitische Domination und Saddams arabischen Nationalismus würde der irakische Nationalismus in einem mehrheitlich schiitischem Land das Vehikel für eine schiitische Identität werden: irakisch und schiitisch anstatt irakisch und arabisch.

Die Umstürze von 2011 setzten dann jene Gefühle frei, die sich in den Jahren zuvor aufgebaut hatten: darunter auch die Angst vor der Schia, vor einem großen Plan der Schiitisierung der ganzen islamischen Welt – und ganz besonders natürlich der heiligen Städte Mekka und Medina. Diese Angst trägt manchmal seltsame Blüten. Der libysche Großmufti hat etwa vor kurzem ein Gesetz gefordert, das libyschen Frauen verbieten soll, ausländische Männer zu heiraten: Die große Gefahr drohe, dass diese Frauen Schiiten auf den Leim gingen, deren Plan es sei, Libyen von der Sunna abzubringen. Auch vom Projekt der Schiitisierung Syriens sind manche Sunniten, etwa in Saudi-Arabien auch in allerhöchsten Kreisen, völlig überzeugt: Was mit ein Grund ist, den sunnitisch geprägten Aufstand gegen Assad, den Alawiten, zu unterstützen. Als abschreckendes Beispiel in Syrien wird oft die syrische Stadt Raqqa auf der nördlichen Seite des Euphrat genannt: Dort befindet sich der Schrein von Ammar bin Yassir, eines Prophetengefährten, den die Schiiten als einen von vier Männern verehren, die Ali besonders treu zur Seite standen. Ammar wurde 657 in der sunnitisch-schiitischen Schlacht von Siffin getötet, wo heute Raqqa liegt. Der Ort ist ein beliebtes schiitisches Wallfahrtsziel – und mit der Zeit siedelten sich Schiiten an, Konversionen in der einheimischen Bevölkerung folgten. Im Sommer 2014 befindet sich Raqqa in der Hand von radikalen sunnitischen Extremisten, die dort ein Schreckensregime errichtet haben.

Die Schiiten in Ägypten

Ägypten hat sein ganz eigenes Schiiten-Trauma. Die Dynastie der Fatimiden, die vom 10. Jahrhundert bis 1171 in Nordafrika herrschte, war ismailitisch: Die Ismailiten sind Schiiten, die sich allerdings von der heutigen Hauptgruppe nach dem sechsten Imam abspalteten (sie erkannten nicht Moussa al-Kadhim als 7. Imam an, sondern dessen Bruder Ismail, daher der Name) und deren Glauben kaum mehr Ähnlichkeit mit dem schiitischen Mainstream, der Zwölferschia, hat. Beinahe ein Tabu ist in Ägypten die Tatsache, dass Al-Azhar – heute die bedeutendste sunnitische Institution – als fatimidische Gründung einstmals ein Hort der ismailitischen Lehre war. Fatima Zahra, so hieß die Frau Alis, Tochter des Propheten. Die Fatimiden wurden übrigens von dem den europäischen Kreuzrittern gut bekannten Saladin gestürzt, der auch heute noch in antischiitischen Schriften als Retter herbeigesehnt wird. Schiitisches Erbe hat in der ägyptischen Volkstradition und im Sufitum, dem mystischen Islam, überlebt – mit ein Grund, warum ägyptische Salafisten einen besonderen Hass gegen Sufis hegen.

Völlig freie Religionsausübung ist den Schiiten in Ägypten verwehrt: Die Errichtung von Husseiniyas – Zelte, in denen des Martyriums von Hussein gedacht wird – ist ein ständiges Thema der Erregung, obwohl niemand so recht sagen kann, wo denn solche stehen. Manchmal haben schiitische Aktionen allerdings auch tatsächlich den Geruch der Provokation:

Im Dezember 2011 versuchten ägyptische Schiiten, in der
– sunnitischen – al-Hussein Moschee Ashura das Gedenkfest
zum Tod des Namensgebers zu feiern, der ja laut islamischer
Geschichte von sunnitischer Hand gestorben ist.

Und natürlich gibt es sie auch, die Verbreitung der schiitischen Lehre. Unter dem Motto, dass die Hizbollah, die Partei
Gottes, triumphieren wird (Koran Sure 5, Vers 56), gibt es eine
schiitische Mission, die vom Iran unterstützt wird. Sie fällt
auch durchaus auf fruchtbaren Boden, etwa bei manchen
türkischen sunnitischen Muslimen (auch in Deutschland).
Tahir al-Hashimi, Mitglied der internationalen schiitischen
Organisation »Ahl al-Bayt World« (mit Ahl al-Bayt, Leute des
Hauses, ist die Familie Muhammads gemeint), gibt auch offen zu, dass die Schiiten missionieren. Er fragt aber – völlig
zu Recht –, warum dies nur den Schiiten verwehrt sein sollte, nicht aber anderen Religionsgemeinschaften. Die Zahl
der Schiiten in Ägypten wächst laut Hashimi: Geschätzt wird
sie heute auf zwischen 800.000 und zwei Millionen – bei einer Bevölkerung von mehr als 80 Millionen Menschen noch
immer im Bereich der Irrelevanz. Es gibt eine kleine schiitische politische Partei in Ägypten. Sie steht, wie alle Schiiten
in sunnitischen Mehrheitsländern, unter dem Verdacht, ein
iranisches Agenten-Outlet zu sein.

Zur Schia übergetretene Sunniten werden von ihren Gemeinschaften böse abgestraft. Nur ein Fall ist der Ägypter
Muhammad Asfur, der – nachdem sich seine Frau von ihm
scheiden lassen musste – zu drei Jahren (in der Berufung ein
Jahr) Gefängnis wegen »Beleidigung der Prophetengefährten« verurteilt wurde. Die beiden Gemeinschaften werfen
sich noch immer an den Kopf, welcher Zeitgenosse Muhammads sich wie verhalten hat, und es ist richtig, dass die Schiiten alle antialidischen Figuren in der frühislamischen Ge-
schichten verabscheuen – dazu gehört auch Aisha, die Frau
des Propheten, die 656 die Schlacht von Basra gegen Ali vom

Kamel aus dirigiert haben soll (deshalb Kamelschlacht genannt). Als im Juni 2014 der irakische Vizepräsident Khodair al-Khozaei, ein Schiit, den Al-Azhar Großscheich Ahmed al-Tayyeb in Kairo besuchte und einen großen Dialog zwischen Sunniten und Schiiten vorschlug, antwortete ihm dieser, dass vorher die obersten religiösen Instanzen im Iran und im Irak eine Fatwa erlassen müssten, nach der es verboten sei, die Prophetengefährten und Muhammads Gattin zu beleidigen. Al-Azhar hat andererseits die Schia bereits 1959 als »jafaritische Rechtsschule«, als fünfte neben den vier sunnitischen, anerkannt. Wirklich durchgesetzt hat sich diese Anerkennung jedoch nicht.

Es ist ganz typisch, dass die Verschlechterung der Situation der ägyptischen Schiiten im Jahr 2011 durch politische Veränderungen eingeleitet wurde. Nach dem Sturz Hosni Mubaraks im Februar 2011 bemühte sich Teheran sehr um eine Annäherung an Ägypten, mit dem seit der iranischen Islamischen Revolution 1979 die Beziehungen im Argen lagen. Vor allem Präsident Muhammad Mursi wurde umworben – mit dem politischen Ziel, Ägypten von den Golfmonarchien wegzubringen und sie der Islamischen Republik anzunähern. Wie man weiß, ging der Schuss nach hinten los: Unter Mursi waren die ägyptisch-saudischen Beziehungen schlecht, aber nach dessen – von Riad unterstützter – Absetzung im Juli 2013 wurden sie dafür umso besser. Vom ägyptisch-iranischen Tauwetter der Mursi-Zeit ist nichts übriggeblieben, nicht einmal der zaghafte Beginn eines Touristenaustauschs, der im Februar 2013 dazu führte, dass iranische Touristen, aus Teheran kommend, direkt in Luxor abgesetzt wurden, um dort einen Ausflug in die pharaonische Vergangenheit zu beginnen: Träger einer alten Hochkultur besuchen eine andere alte Hochkultur.

Denn nur im vorislamischen Ägypten waren die Iraner halbwegs willkommen, im islamischen nicht. Die Nachricht, dass fünfzig Touristen aus dem Iran Ägypten bereisen würde, hatte geradezu hysterische Reaktionen in salafistischen Kreisen hervorgerufen. Wenn es nach ihnen ginge, braucht der Iran keine Atombombe: Die gefährlichste Waffe, die Schia, führen die Iraner immer mit sich.

Antischiitische, sunnitische Ressentiments gab es natürlich schon unter Mubarak, vor dem Umsturz 2011: Gut erinnerlich ist sein Sager 2006, dass die Loyalität der arabischen Schiiten Teheran gelte, nicht ihren eigenen Hauptstädten. Die Aufregung in Bagdad darüber war groß, und die aus Kairo kommenden Erklärungen machten die Sache nicht besser, im Gegenteil, sie klangen nämlich wie »Muslime und Schiiten leben doch ohnehin gut zusammen«. Aber im Ägypten nach 2011 waren den antischiitischen Umtrieben erst recht keine Zügel mehr angelegt: Schiiten sind nach dieser Ansicht nicht nur Muslime, die vor fast 1400 Jahren den islamischen Konsens verlassen haben, sondern sie sind auch für eine gute sunnitische Umwelt nicht weniger als gefährlich.

Ali ist »der Sinn«

Das Alawitentum ist eine der letzten überlebenden
gnostischen Sekten des frühen Islam

Mit dem Krieg in Syrien, der schon früh in seiner Geschichte religiöse Untertöne bekam, zogen die »Alawiten« als täglicher Begriff in die Medien ein: Das ist die religiöse, von manchen auch als ethnisch definierte Minderheit in Syrien, aus der die »Präsidialdynastie« der Familie Assad stammt. Hafiz al-Assad, der Vater des jetzigen Präsidenten, kam 1970 an die Macht und »vererbte« im Jahr 2000 die Präsidentschaft an seinen damals 34-jährigen Sohn Bashar. Mit der Familie Assad erklommen ihr Clan und Angehörige der alawitischen Minderheit die höchsten Posten des Landes, vor allem im Sicherheitssektor: Armee, Polizei, Geheimdienste.

Die Alawiten machen geschätzte 12 Prozent der syrischen Bevölkerung aus, es kursieren aber auch andere Angaben. Es gibt zwei Irrtümer, die man auch in Qualitätsmedien immer wieder findet und die es zu korrigieren gilt: erstens, dass es sich bei Alawiten einfach um eine Art lokaler Schiiten handelt, und zweitens, dass die syrischen (und die wenigen libanesischen) Alawiten identisch sind mit den türkischen und kurdischen Aleviten.

Beginnen wir mit dem ersten Punkt. Die Vorstellung, dass die Alawiten Schiiten sind und basta, kommt natürlich vom Namen selbst, der »Ali« enthält: Ali Ibn Abi Talib, Cousin und Schwiegersohn des Propheten Muhammad, der 4. Kalif und für die Schiiten der erste Imam. Es ist schon richtig, dass die Alawiten die Verehrung für Ali mit schiitischen Gruppen teilen und in ihrer Geschichte Berührungspunkte mit den Schiiten aufweisen – aber das ist es im Wesentlichen auch schon wieder.

Laut Gisela Procházka-Eisl und Stephan Procházka, Professoren für Turkologie respektive Arabistik an der Universität Wien, hat sich der Begriff Alawiten für diese religiöse Gruppe erst im 20. Jahrhundert durchgesetzt, wenn er auch schon früher existiert hat.[6] Die zuvor häufigste Bezeichnung neben etlichen anderen war Nusayrier. Es gibt Theorien, dass der Name des Religionsgründers, der Ibn Nusayr hieß, auf eine christliche Verwandtschaft hindeutet – das arabische Nasara, dessen Wurzelkonsonanten n-s-r auch in Nusayr wiederzufinden ist, heißt Christen –, aber bewiesen ist das nicht.

Die bereits bestehende Tendenz, den Namen Nusayrier zugunsten von Alawiten abzulegen, wurde ohne Zweifel durch die Machtergreifung Assads und seiner Gruppe verstärkt: Sie hatten jedes Interesse daran, von den sunnitischen Mainstream-Muslimen, die sie regierten, aber auch von ihren politischen Partnern in anderen arabischen Ländern, nicht einer suspekten, geheimreligiösen Sekte zugerechnet zu werden, sondern zumindest den nolens volens doch akzeptierten Schiiten. In der alawitenfeindlichen Literatur findet sich auch immer wieder der Hinweis, dass die Alawiten selbst diesen Namen bevorzugen, weil sie ihre wahre Herkunft, die sie außerhalb des Islam stelle, verschleiern wollen.

Das Interesse, die Alawiten zu »schiitisieren«, haben aber auch manche Schiiten aus politischen Gründen, zum Beispiel im mit Syrien eng verbündeten Iran: In der Islamischen Republik tut man sich ebenfalls leichter, wenn man über die Besonderheiten des alawitischen Glaubens hinwegsieht und sie ganz einfach im Schoß der schiitischen Vielfalt will-

kommen heißt. Dem hat als theologische Instanz bereits
der – übrigens wahrscheinlich von Muammar al-Gaddafi bei
einem Libyen-Besuch 1978 ermordete – angesehene libanesische schiitische Gelehrte Moussa al-Sadr seinen Segen gegeben, der sie auf eine für westliche Ohren etwas komplizierte Art anerkannte: »Heute sind jene Muslime, die Alawiten
genannt werden, Brüder jener Schiiten, die von den Böswilligen Mutawallis genannt wurden.« Erklärung: Heute werden
die Alawis von den (böswilligen) Sunniten verfolgt wie früher
die Schiiten (Mutawalli ist die auch heute manchmal noch
gehörte despektierliche sunnitische Bezeichnung im Libanon für die Ali-Verehrer). Warum Moussa al-Sadr das machte, ist klar: Er wollte die Alawiten zur politischen Stärkung
der Schiiten im Libanon auf deren Seite ziehen, man könnte
auch sagen, vereinnahmen.

Die Geheimlehre der Alawiten

Der Name Nusayrier wird, wie schon erwähnt, vom Gründer
der Gemeinschaft abgeleitet, Abu Shuayb Muhammad Ibn
Nusayr al-Namiri (gestorben ungefähr 864). Er soll ein Schüler des 10. und des 11. schiitischen Imam gewesen sein, von
Letzterem wurde er ins geheime Wissen eingeweiht – also
nicht in die »normale« schiitische Lehre. Diese beiden Imame, Ali al-Hadi und Hassan al-Askari, sind somit die historische Verbindung der Alawiten zu den Zwölferschiiten (das
sind jene Schiiten, die zwölf Imame anerkennen, es ist die
größte Gruppe unter den Schiiten).

Die Nusayriya oder eben das Alawitentum ist eine der wenigen überlebenden gnostischen Sekten des Islam, deren es
vor Jahrhunderten viele gegeben hat. »Gnostisch« ist hier am
einfachsten so erklärt: nach Eigenverständnis mit religiö-
sem Geheimwissen versehen. Wie alle Gnostiker glauben die

Alawiten an eine innere, verborgene Botschaft der Offenbarung, im krassen Gegensatz zur Strömung, die sich im Islam durchgesetzt hat und die alles wörtlich verstanden wissen will, was im Koran steht. Esoterische Strömungen spielten in der frühislamischen Zeit eine große Rolle – besonders in der frühen Schia – und haben bis heute in der islamischen Mystik, dem Sufismus, überlebt. Dem »Äußeren« steht immer ein noch wichtigeres »Inneres« gegenüber. Zum »Äußeren« gehört im Alawitentum auch der Koran, den Alawiten wie andere Muslime auch rezitieren. Aber die fünf täglichen Gebete oder die Pilgerfahrt sind schon nicht mehr so üblich. Und es gibt andere gravierende Abweichungen zur islamischen Orthodoxie, etwa der Glaube an eine Seelenwanderung, den die Alawiten aber durch ihre eigene Sicht von Koranstellen zu belegen wissen.

Die große Eigenheit ist die alawitische Kosmologie, prägnant beschrieben von Stephan Procházka.[7] Der Islam wird als letzter – allerdings als der bedeutendste – von sieben weltlichen »Zyklen« angesehen. An deren Beginn steht eine ewige Lichtgottheit, die durch Emanation Neues schafft. Die göttliche Trias »Sinn« (arabisch maana), »Name« (ism) und »Tor« (bab) – wobei der »Sinn« den »Namen« und dieser das »Tor« emaniert – wird in diesem islamischen Zyklus von Ali, Muhammad und Salman al-Farsi personifiziert: Ali ist der »Sinn«, Muhammad der »Name«, und Salman al-Farsi – ein früher Muslim und glühender Anhänger Alis – ist das »Tor«.

Aus der Trias gehen die »Fünf Einzigartigen« hervor, die wiederum die »Zwölf Führer« emanieren: Im islamischen Zyklus sind das die zwölf schiitischen Imame. Jeder von ihnen hat ein »Tor«: Und der Begründer des Alawitentums, Ibn Nusayr, ist das »Tor« des 11. schiitischen Imams. Dass Ali vor Muhammad steht, zeigt es schon: Auch nach schiitischen Kriterien sind die Nusayrier »ghulat« (Übertreiber), sie vergöttlichen Ali.

Alle Aussagen über die alawitische Lehre müssen wegen der Geheimhaltung mit Vorsicht getroffen werden, sehr oft stammen Informationen von den Gegnern der Alawiten. Erst in den vergangenen Jahrzehnten wurde etwas mehr über den Inhalt des Glaubens bekannt, das als gesichert gelten kann. Die Alawiten geben ihr esoterisches Wissen nur an junge alawitische Männer weiter, in Form einer – sich über neun Monate erstreckenden – Initiation, deren Grundidee die Schaffung »einer neuen leuchtenden Seele« ist, wie es Procházka formuliert. Er meint, dass die Initiationen junger Alawiten heute rückläufig sein dürften, was zumindest eine Schwächung des esoterischen Charakters des Glaubens mit sich bringen würde.

Das Alawitentum hat als Religion nicht von der alawitischen Herrschaft der Assads profitiert, im Gegenteil, deren Herkunft musste ja in den Hintergrund gedrängt werden. Typisch alawitische Bücher waren verboten, alawitische Scheichs mussten sich als Mainstream-schiitisch gerieren. Der letzte Trend in den Alawitengebieten Westsyriens ist etwa, dass man die typisch alawitischen Heiligengräber mit Minaretten versieht und sie damit äußerlich an die Moscheen angleicht. Die Herrschaft der Assads hatte nie konfessionell-religiöse Züge, in einem weiter gefassten Sinne könnte man sie »tribal« nennen. Offiziell stilisieren sie sich sunnitisch, wie etwa beim Begräbnis des alten Hafiz al-Assad im Jahr 2000 deutlich zu sehen war. Er war es, der 1973 in die syrische Verfassung aufnehmen ließ, dass der Präsident Syriens ein Muslim sein muss. Die Assad-Familienmitglieder belassen ihre Konfessionszugehörigkeit zumindest meist im Graubereich.

Das beeindruckt ihre Gegner jedoch in keiner Weise. Anti-alawitische Slogans waren bereits in einem frühen Stadium des Aufstands in Syrien zu hören. Nicht alle sind so eindeutig sunnitisch-islamistisch wie »Christen nach Beirut, Alawiten ins Grab«. Der orthodoxe Hass auf die Alawiten ist aber keineswegs neu: Die Nusayrier – wie auch die Schiiten – waren etwa schon dem sunnitischen Theologen Ibn Taymiya (gestorben 1328) ein Dorn im Auge. Auf seine Fatwa (Rechtsgutachten) gegen sie beziehen sich noch heute viele sunnitischen Islamisten. 1304 schloss sich Ibn Taymiya sogar einem Waffengang gegen die »Häretiker in den Bergen« an.

Aleviten sind keine Alawiten

Bleibt noch die Behauptung Nummer zwei, dass Alawiten und Aleviten das gleiche seien. Es stimmt weder theologisch noch historisch: Man kann über Ähnlichkeiten noch so viel reden, besonders wenn sie im gleichen Raum leben, wie eben in der Südtürkei. Die Aleviten haben jedoch mit Ibn Nusayr absolut nichts zu tun. Sie waren ursprünglich Zwölferschiiten, die durch die mystischen Orden eine Sonderentwicklung genommen haben. Die größte Gruppe sind die Bektaschi Alevi, nach dem Ordensgründer Haci Bektasch Veli. Da alle Aleviten entweder Türkisch oder Kurdisch als Muttersprache haben, nennen sich die fast halbe Million Alawiten (Nusayrier) in der Türkei auch »arabische Aleviten« oder »südliche Aleviten« (»Güney Alevileri«). Auch das spielt den Unterschied herunter, und das ist natürlich Absicht. Man sollte sich im Klaren sein, dass auch die Befragung von Angehörigen der einen oder der anderen Gruppe nicht immer wissenschaftliche Fakten produzieren wird: Oft wird behauptet, dass die Sprache – Türkisch oder Arabisch – das einzige sei, was sie unterscheide. Die Aussage »Wir sind alle Muslime, da gibt es keine Unterschiede« enthält meist bereits einen Hinweis, dass der Sprecher weiß, dass es solche sehr wohl gibt.

Der Aufstieg der Familie Assad

Noch ein paar Worte zur jüngeren Geschichte: In der Darstellung der syrischen Opposition, die alle Ängste, die Post-Assad-Zeit betreffend, zerstreuen will, haben die Volksgruppen in Syrien vor Assad und überhaupt in der ganzen Region in Harmonie gelebt, in die man, wenn Assad erst einmal weg ist, wieder zurückfinden würde. Sektierertum, Konfessionalismus, sunnitischer Extremismus, das alles sei nur ein Resultat der alawitischen Diktatur, Alawiten und Sunniten hätten zuvor keine Probleme gehabt.

Um das zu behaupten, bedarf es schon einer großen Portion Geschichtspopulismus. Vieles in der modernen syrischen Geschichte erklärt sich eben gerade aus der Existenz der Alawiten als in schlechteren Zeiten verfolgter, in besseren marginalisierter Gruppe. Durch Verfolgung kam die im Südirak entstandene Sekte erst ins Gebiet des heutigen Syrien. Einer der Nachfolger Ibn Nusayrs, al-Khasibi, flüchtete mit seinen Anhängern aus Bagdad, wo er wegen seines Glaubens eingesperrt gewesen war, und ließ sich in den später so genannten Nusayrier-Bergen über Latakia nieder. Dort bildeten sie mit der Zeit ihre Stammeskonföderationen, die Khayyatin, Haddatin, Matawira und Kalbiya (zu ihnen gehören die Assads). Richtig ist, dass die Alawiten im Syrien des 19. und 20. Jahrhunderts konfessionell nicht mehr so abgeschlossen lebten wie die Drusen oder die Ismailiten. Alawiten waren auch in Städten mit sunnitischer Mehrheit zu finden. Das war jedoch eine klare Klassengesellschaft: arme alawitische Bauern, alawitische Bedienstete, sunnitische Grundherren und städtische Eliten. Aber natürlich gab es auch innerhalb der Alawiten soziale Unterschiede, die Stammeschefs waren ja ebenfalls Grundbesitzer.

Die Wende und damit der Weg eines alawitischen Soldaten namens Hafiz al-Assad an die Macht wurde in der französischen Mandatszeit nach dem Ersten Weltkrieg eingeleitet. Die französische Minderheitenpolitik war darauf angelegt, den arabischen Nationalismus zu schwächen. Religiöse Minderheiten waren aus diesem Nationalismus nicht a priori ausgeschlossen, wie die Geschichte der Drusen, die sehr arabisch-nationalistisch waren, zeigt: Aber nicht der nationalen arabischen Religion, dem sunnitischen Islam, anzugehören, war eindeutig ein Defekt. Dieser religiöse Underdog-Status erklärt übrigens auch den späteren großen Zulauf von Christen und Schiiten in von sunnitischen Eliten dominierten Gesellschaften in die Baath-Partei, die 1940 in Damaskus gegründet wurde: In der Baath war der sunnitische Islam nicht nationale Religion, sondern nationale Kultur, der sich auch ein Nichtsunnit zugehörig fühlen konnte.

Die Franzosen, ab 1920 Mandatsherren in Syrien, gaben den Siedlungsgebieten der Alawiten nicht nur eine weitgehende Autonomie, den Alawitenstaat, der den Sinn hatte, ein Zusammenwachsen Syriens als Nationalstaat zu behindern (es gab noch andere Unterteilungen). Sie ermutigten die Alawiten auch, in die syrische Armee einzutreten, was diese – auch getrieben von der Armut – in wachsender Zahl taten. Als im instabilen Syrien nach dem Zweiten Weltkrieg die Armee eine immer größere Rolle spielte, kamen damit auch Alawiten immer weiter nach oben. Dennoch wäre es falsch zu sagen, dass die politischen Wirren Syriens in der zweiten Hälfte des 20. Jahrhunderts als »Alawiten gegen Sunniten« zu sehen sind: Gerade die Jahre nach der Machtergreifung der Baath-Partei 1963 waren von inneralawitischen Fraktionskämpfen geprägt, aus denen Hafiz al-Assad gegen seinen alawitischen Rivalen Salah Jadid siegreich hervorging. Als Assad in den Jahren nach 1970 seine Position konsolidierte, waren auch viele Alawiten, die er als Bedrohung ansah, seine Opfer. Gleichzeitig wurde die syrische Armee endgültig »alawitisiert«.

Je fraktionierter Syrien während des Aufstands ab 2011 wurde, umso öfter war wieder die Rede vom »Alawitenstaat«, in den sich das Regime eines Tages mit seinen Anhängern zurückziehen könnte, wenn sie das übrige Syrien verlieren. Das Vorbild ist der historische, 1920 errichtete Alawitenstaat in den Bergen über Latakiya – ein von Damaskus weitgehend autonomes alawitisches Territorium unter französischer Kontrolle. Er ging 1936, nach dem französisch-syrischen Unabhängigkeitsvertrag (den das französische Parlament nicht ratifizierte), in der syrischen Republik auf.

Man sollte aber auch noch erwähnen, dass durchaus nicht alle Alawiten mit den Franzosen kooperierten, insbesondere die mehr nationalistisch gesinnten Intellektuellen nicht, aber etwa auch der Pseudomahdi – das ist eine Person, die sich für gottgesandt hält und für eine eigene Lehre mobilisiert – Sulayman Murshid, der nicht nur das Haupt einer religiösen Bewegung, sondern auch einer der unionistischen Stammesscheichs war, die für Syrien mobilisierten. Ganz im Gegensatz dazu waren Assads Vorfahren offenbar Separatisten. 2012, also bereits während des Aufstands in Syrien, tauchte ein Schreiben sechs alawitischer Honoratioren an die französischen Mandatsherren aus den 1930er Jahren wieder auf: Was es neben seinem Inhalt so interessant machte, war die Tatsache, dass einer der Unterzeichner Ali Sulayman al-Assad war, Vater[8] von Hafiz. Der Brief war ein eindringliches Plädoyer für eine alawitische Unabhängigkeit. Die Unterzeichner warnten »die guten Juden«, die Wohlstand nach Palästina gebracht hätten, vor dem militanten Islam, dem sie letztlich alle – Juden, Alawiten und Christen, alle Minderheiten – zum Opfer fallen würden. Dabei muss man natürlich bedenken, dass der konkrete Adressat der französische Ministerpräsident Léon Blum war, ein Jude, dem die Schreiber wohl schmeicheln wollten. Die Idee von der Schicksalsgemeinschaft der Juden und der Alawiten griff aber Paläsinenserführer Yassir Arafat später wieder auf: Im Eingreifen Syriens gegen die Palästinenser im libanesischen Bürgerkrieg – womit Syrien sich ja gegen die Feinde Israels stellte – sah Arafat eine alawitisch-jüdische Verschwörung. Und dieses Syrien, das Sulayman al-Assad nicht wollte, regiert nun seine Familie seit mehr als vier Jahrzehnten.

Notstandsgesetz Nummer 49

In Syrien galt die Muslimbruderschaft nach dem Massaker
von Hama im Jahr 1982 als ausgerottet

Die sunnitische islamistische Landschaft im syrischen Bürgerkrieg ist im steten Fluss, immer wieder gibt es Neubildungen, Zusammenschlüsse, Spaltungen. Welche Gruppierung letztlich die Szene dominieren wird, wenn das Assad-Regime fällt – wenn es denn einmal fällt –, ist schwer einzuschätzen und ebenso, wie sie zur syrischen politischen Opposition im Exil stehen wird. Dort vertraute die syrische Muslimbruderschaft darauf, dass sich ihre 60-jährige Geschichte und ihre Auslandsaktivitäten, die sofort nach dem Ausbruch des Aufstands hochgefahren wurden, in konkretem Zulauf in Syrien niederschlagen würden: Aber wie stark die Muslimbrüder heute in Syrien wirklich sind, weiß niemand genau. Von manchen anderen Gruppen kamen gleich zu Beginn der Rebellion im Jahr 2011 Klagen, dass die Ikhwan (Brüder) in Syrien nur ihren deklarierten Anhängern halfen beziehungsweise sich durch ihre Hilfe Gefolgschaft erkauften. Von den so Rekrutierten wandten sich jedoch später viele militärisch erfolgreicheren – und radikaleren – islamischen Gruppen zu.

Bis zum Sommer 2013, als in Ägypten der Muslimbruder-Präsident Muhammad Mursi gestürzt wurde, konnten die syrischen Muslimbrüder auf die politische Stärke und die nationale und internationale Akzeptanz ihrer Mutterorganisation in Ägypten verweisen, um zugunsten ihrer Bedeutung für die Zukunft Syriens zu argumentieren. Aber der

Werdegang und die Stellung der syrischen Muslimbrüder unterscheiden sich stark von jenen der ägyptischen. Im Gegensatz zur ägyptischen Bruderschaft war der syrische Zweig nie eine Massenorganisation. In den 1980er Jahren wurde die syrische Muslimbruderschaft – und ihr radikaler Ableger, die »Kämpfende Avantgarde« – in Syrien quasi ausgerottet, aus dem Jahr 1980 stammt das Notstandsgesetz Nummer 49, das allein die Mitgliedschaft bei der Bruderschaft mit der Todesstrafe belegt. Aber im Exil ist die Organisation immer bestehen und aktiv geblieben, wenn sie auch oft intern zerstritten war. Sie versteht etwas von Medienarbeit und PR: Mit einiger Irritation nahmen genauere Beobachter einige Monate nach Ausbruch des Aufstands in Syrien 2011 zur Kenntnis, dass die aktivste Revolutions-Website von Muslimbrüdern in Schweden betrieben wurde – natürlich ohne Hinweis auf den religiösen Hintergrund der Betreiber. Diese Taktik war auch beim SNC, dem Syrian National Council (SNC), zu beobachten: Die Muslimbrüder dominierten den »Council« seit dessen Gründung, als Frontmann nahmen sie jedoch den säkularen Sorbonne-Professor Burhan Ghalioun und nach ihm andere Persönlichkeiten, die nicht mit den Muslimbrüdern in Zusammenhang gebracht wurden. Bei manchen Syrern nährte das das Misstrauen, dass die Ikhwan mit verdeckten Karten spielen und ihre Pläne für Syrien nicht offen kundtun würden.

Mit der Zeit wuchs in der Opposition der Widerstand gegen die Muslimbrüder-Dominanz, was letztlich zum Versuch führte, den SNC in einen größeren Kontext zu stellen. Die »National Coalition for Opposition and Revolutionary Forces« wurde im November 2012 als Dachverband gegründet, der die Opposition auch besser an die kämpfenden Gruppen in Syrien anbinden sollte. Der muslimbrüder-dominierte SNC machte aber weiterhin seine eigene Politik: Die Gründung der ersten kurzlebigen syrischen Exilregierung unter dem islamischen Aktivisten Ghassan Hitto im Frühjahr 2013 ging auf das Konto der Muslimbrüder und führte sofort zu einer tiefen Spaltung der neuen »Coalition« – und vor allem zum Rücktritt ihres damaligen Chefs Muaz al-Khatib. Wie schon angedeutet, war die Entmachtung der Muslimbrüder in Ägypten durch General Abdulfattah al-Sisi dann ein schwerer Schlag auch für die syrische Organisation. Die neuen Kräfteverhältnisse spiegelten sich sofort in der »Coalition« wieder – und unter ihren Förderern in der islamischen Welt: Das muslimbrüder-freundliche Emirat Katar und die von der islamischen AK-Partei regierte Türkei wurden von Saudi-Arabien ausgebootet, und der als Mann Riads geltende syrische Stammesaraber Ahmad al-Assi al-Jarba wurde Chef der »Coalition«. Als sich die »Coalition« unter internationalem Druck Anfang 2014 zu Verhandlungen mit dem Assad-Regime entschloss, stieg der »Council« aus.

Der Ursprung der syrischen Muslimbrüder

Viel war in den vergangenen Jahren von der Geschichte der Ikhwan al-Muslimin die Rede, der 1928 gegründeten sunnitischen Muslimbruderschaft in Ägypten, wenig von ihrer syrischen Filiale. Die Anfänge der syrischen Muslimbruderschaft reichen in die 1930er Jahre zurück, offiziell wurde sie nach Syriens Unabhängigkeit 1946 gegründet: als Zweig der ägyptischen Organisation, weswegen sie nur von einem »Superintendenten« geleitet wird, über dem theoretisch der Oberste Führer der Ikhwan in Ägypten steht (das ist der seit dem Umsturz 2013 inhaftierte Mohammed Badie). Die ersten Gefolgsleute kamen aus der sunnitischen gebildeten Mittelschicht, mit einem elitäreren linksislamischen Touch als in Ägypten, wo die Muslimbruderschaft von Anfang an eher aus dem Kleinbürgertum gespeist wurde. Als der erste Superintendent Mustafa al-Sibai in den 1950er Jahren sein Werk »Der Sozialismus des Islam« schrieb, kostete ihn das in konservativen islamischen Kreisen viel Ansehen. Zwischen 1949 und 1963 nahm die Bruderschaft am politischen Leben teil, stellte sogar Minister, blieb aber immer eine kleine Gruppe: Bei Parlamentswahlen 1961 kam sie auf zehn von 172 Sitzen.

Nach dem Baath-Putsch 1963 wurde die Muslimbruderschaft verboten, die erste Exilwelle setzte ein – und eine radikale Gruppe wurde gegründet, die den bewaffneten Kampf gegen den Staat aufnahm. Aber es gab auch Zerwürfnisse zwischen den lokalen Muslimbrüder-Fraktionen: Nach dem Tod von Sibai 1964 wurde Issam al-Attar zu dessen Nachfolger gewählt, der ins Exil nach Deutschland ging. Anfang der 1970er Jahre wurde er von Abdulfattah Abu Ghudda aus Aleppo aus dem Amt gedrängt. Heute kommt der oberste Chef aus Hama, es ist Riad Shakfeh, der 2010 den aus Aleppo stammenden Ali Sadr al-Din al-Bayanouni ablöste. Die Fraktionen Hama und Aleppo waren sich auch im Exil lange Zeit spinnefeind.

Als 1970 Hafiz al-Assad an die Macht kam, schien sich für kurze Zeit ein Fenster für eine Verständigung mit dem Regime aufzutun – Bruderschafts-Mitglieder nahmen sogar an Wahlen teil –, das sich jedoch bald wieder schloss. Die Fronten verhärteten sich. Die Anhänger eines im Gefängnis umgekommenen radikalen Muslimbruders gründeten die Gruppe »Kämpfende Avantgarde«, die ihre Terrorismuskampagne gegen staatliche Einrichtungen begann. Ihre »berühmteste« Tat ist das Attentat auf eine Kadettenschule in Aleppo 1979, bei der Dutzende meist alawitische Soldatenanwärter starben. Nach einem fehlgeschlagenen Attentatsversuch ließ Präsident Hafiz al-Assads Bruder Rifaat rund 1000 Islamisten hinrichten. Es folgte das bereits erwähnte »Gesetz 49«: Todesstrafe für die Mitgliedschaft bei den Muslimbrüdern, den Ikhwan al-Muslimin. 1982 setzte das Regime, wieder unter dem Sicherheitschef Rifaat al-Assad, mit einem Bombardement der Stadt Hama, bei dem bis zu 20.000 Menschen umkamen, den grausamen Schlusspunkt unter die Auseinandersetzung. Danach war Friedhofsruhe in Syrien. Rifaat al-Assad, der 1984 selbst gegen seinen Bruder putschen wollte und Syrien verließ, versuchte 2011 auf den Aufstand aufzuspringen: Aber den Wandel zum Demokraten nahm ihm niemand ab.

In ihrer Exilzeit versuchte sich die Muslimbruderschaft im Schmieden verschiedener Allianzen. Nach dem Tod des alten Assad im Jahr 2000 wurden vorsichtige Kontakte zum – nun von Bashar al-Assad geführten – Regime hergestellt. Die liefen zwar ins Leere, später hatten die Muslimbrüder aber mit dem türkischen Premier Recep Tayyip Erdogan einen Fürsprecher: Es heißt immer, dass Bashar al-Assad ihm versprach, die Muslimbrüder zu reintegrieren und an der Macht zu beteiligen. De facto nahm aber Assad nicht einmal das verhasste »Gesetz 49« zurück – die Enttäuschung Erdogans über Assad führte dazu, dass er 2011 den Aufstand von Stunde eins an unterstützte. Zuvor waren die Beziehungen zwischen den Assads und den Erdogans fast familiär gewesen.

Auch die Muslimbrüder selbst sandten oft unterschiedliche Signale. Ihr Islamisierungsprojekt für Syrien gaben sie nie auf, andererseits schlossen sie sich der »Damaskus Deklaration für einen demokratischen Wechsel« an, die 2005 von syrischen Oppositionellen, fast alle davon Säkulare, ins Leben gerufen geworden war. Damit vertrug sich jedoch ihre Allianz von 2006 mit dem früheren syrischen Vizepräsidenten Abd al-Halim Khaddam nicht, der gerade vom Regime abgesprungen war – aber bestimmt nicht, weil es ihm zu undemokratisch war. Nicht erst seit diesem Zeitpunkt haftet den syrischen Muslimbrüdern der Ruf an, nicht ganz durchsichtig zu sein. Sie sind für viele Säkulare eine Kraft, von der man nicht sicher sein kann, wohin sie wirklich will, und der man besser nicht ganz traut: Will sie Teil eines demokratischen politischen Prozesses für ein ganz neues Syrien sein oder am Ende doch ihre Islamisierungsagenda durchsetzen? Es gibt etliche Bekenntnisse von Muslimbruder-Führern zu einem Syrien für alle Bürger – keiner sollte wegen seiner Religion diskriminiert werden. Im islamischen Spektrum der Gruppen, die in Syrien kämpfen, stehen die Muslimbrüder zweifellos auf der moderaten Seite, aber vielen säkularen Syrern und Syrerinnen genügt das nicht als Versicherung für die Zukunft, zumal nach dem Machtrausch, in den die ägyptischen Muslimbrüder unter Präsident Mursi 2012 verfielen.

Die ägyptische Mutterorganisation

Zum Vergleich noch ein paar Zeilen zur Geschichte der ägyptischen Mutterorganisation und ihrer Ideologie. Die Muslimbruderschaft, 1928 vom Lehrer Hassan al-Banna in der ägyptischen Stadt Ismailiya gegründet, war nie einfach nur »fundamentalistisch« wie der puristische salafistische Islam gewesen, sondern immer auch politisch. Sie war eine Reaktion auf aufklärerische Bewegungen, denen sie eine islamische Antwort entgegensetzen wollte, und sie hatte, worauf der Gründungsort am Suez-Kanal hinweist, eine stark antikolonialistische Komponente. Im Jahr 1925 war in Kairo »Der Islam und die Grundlagen des Regierens« erschienen, in dem der Autor Ali Abdelraziq konstatierte, dass der Islam den Muslimen keine Regierungsform vorschreibe – und schon gar nicht das Kalifat, dessen Wiedererrichtung sich manche wünschten, nachdem es in der türkischen Republik 1924 von Kemal Atatürk abgeschafft worden war. Auf die laizistischen Ideen des intellektuellen Großbürgers Abdelraziq und anderer antworteten die Muslimbrüder mit einer Ideologie für den kleinen Mann, der die Sicherheit in einer sich verkomplizierenden Welt – die später Nobelpreisträger Naguib Mahfuz so meisterhaft erzählen sollte – im Islam fand, der den gesamten Alltag regelte. Wenn man nur alle Bereiche des Lebens islamisieren würde, käme am Ende auch die gewünschte Staatsform dazu.

Die straffe Durchorganisierung, die jener einer politischen Partei entsprach, mit Angeboten für alle Lebensbereiche, ließ die Bruderschaft schnell wachsen. Ende der 1940er Jahre, am Vorabend der antimonarchistischen Revolution, hatte sie etwa eine halbe Million Mitglieder. 1948 wurde sie erstmals wegen staatsfeindlicher Aktivitäten aufgelöst, ein Muslimbruder ermordete daraufhin den Premierminister Mahmud Fahmi Nuqrashi, Banna wurde selbst 1949 von Mitgliedern der Staatssicherheit getötet.

Der Honeymoon der Bruderschaft mit den Freien Offizieren überdauerte die Revolution 1952 nicht lange und schlug in ihre Verfolgung durch Gamal Abdel Nasser um. Paradoxerweise förderte gerade das ihre internationale Ausbreitung, etwa nach Saudi-Arabien, wo viele geflüchtete Ikhwan Unterschlupf fanden – und wo ihre politische Ideologie mit einem extremen Wahhabismus verschmolz: die Anfänge dessen, was später Al-Qaida werden sollte. Im Kampf gegen die Sowjets in Afghanistan – mit amerikanischer Hilfe – wurden die Jihadisten neuen Stils ausgebildet und trainiert.

Die ideologische Grundlage für die Radikalisierung hatte Sayyid Qutb (1966 hingerichtet) geliefert. Der heutige Führer von Al-Qaida, der Ägypter Ayman al-Zawahiri, ist ein Spiegel dieser Entwicklung: Als 14-Jähriger (1965) in die Muslimbruderschaft eingetreten, wandte er sich später dem Islamischen Jihad, einem radikalen Splitter der Ikhwan, zu, den er schließlich mit Al-Qaida fusionierte.

Aber zurück zur Chronologie: Nach Nassers Tod versuchte Anwar al-Sadat, mangels einer eigenen Hausmacht die Ikhwan gegen die ihm kritisch gegenüberstehenden Nasseristen auf seine Seite zu ziehen und gab ihnen Luft zum Atmen. Der »fromme Präsident« wird deshalb noch heute von manchen selbst für einen Muslimbruder gehalten. Nach dem Friedensschluss mit Israel wurde er von Extremisten ermordet. Sein Nachfolger hieß Hosni Mubarak.

Parallel zur Radikalisierung von Splittergruppen, unter deren Terror Ägypten in den 1990er Jahren schwer zu leiden hatte, konsolidierte sich die pragmatische Richtung der Brüder, die in den 2000er Jahren mit dem verhassten System insofern kooperierten, als sie sich als »Unabhängige« ins Parlament wählen ließen. Der Gegenkandidat von Muhammad Mursi bei den Stichwahlen zur Präsidentschaft im Juni 2012, Ahmed Shafiq, warf den Muslimbrüdern dementsprechend im Wahlkampf vor, ihr angeblicher »Widerstand« gegen Mubarak sei eine große Lüge gewesen. Richtig ist, dass viele der aus dem Kleinbürgertum stammenden Muslimbrüder in den Mubarak-Jahren in der Mittelschicht ankamen, sie waren im Wortsinn »arriviert«, und dazu mussten sie sich auch arrangieren: Nicht ohne Grund gewannen sie regelmäßig alle Kammerwahlen für Berufe wie Anwälte, Ärzte, Ingenieure und ähnliches. Manche Muslimbrüder wurden auch sehr reich, wie etwa ihre Nummer zwei nach der Revolution 2011, Khairat al-Shater, der immer im Verdacht stand, neben seinem eigenen Vermögen auch das der Muslimbrüder zu verwalten – und vor Mubaraks Behörden zu verstecken. Die Parlamentswahlen im Winter 2011/2012 in Ägypten brachten aber nicht nur einen Sieg der Muslimbrüder mit etwa 45 Prozent, sondern sie zeigten auch, dass die Ikhwan von einer neuen »Partei des kleinen Mannes« Konkurrenz bekommen hatten, den Salafisten. Diese konnten auf reichliche finanzielle Zuwendungen aus dem muslimbrüder-feindlichen Golf zählen und waren im karitativen Sektor, der die Muslimbrüder so stark gemacht hatte, zur Konkurrenz erwachsen. Wie stark die Muslimbrüder heute, ein Jahr nach dem Sturz

Mursis im Juli 2013, noch sind, diese Frage kann niemand seriös beantworten. Wenn sich Präsident Abdulfattah al-Sisi im Wunsch, die Ikhwan zu vernichten, als Nassers Nachfolger sieht, dann sollte er immer auch dessen Scheitern präsent haben.

Kreuzritter, Zionisten und Zoroastrier

Ein Blick in die Gedankenwelt der Jihadisten in Syrien

Die Beobachtung der islamistischen Gruppen im Syrien-Krieg ist spätestens im Jahr 2013 zu einem regelrechten Spezialfach geworden. Die Szene war von Beginn an ständig in Bewegung und nicht nur von inneren Dynamiken bestimmt, sondern auch sehr von äußeren Spielern beeinflusst. Als etwa die radikale Nusra-Front (genau heißt sie »Jabhat al-Nusra li Ahl al-Sham«, Unterstützungsfront für die Leute der Levante) zu erfolgreich wurde, wurde mit saudi-arabischer Hilfe als neue Dachorganisation für islamische Gruppen die »Islamische Front« aufgebaut. Aber während die einen jubelten, dass nun den Extremisten etwas entgegengesetzt würde, machten andere, wie der amerikanische Syrien-Experte Joshua Landis auf seinem Blog,[9] darauf aufmerksam, dass der Islamische-Front-Chef Zahran Alloush genauso radikal-sunnitisch und konfessionell auftrat wie die Kämpfer von jihadistischen Gruppen. Die ideologischen Grenzen verlaufen fließend, und auch personell gibt es einen ständigen Austausch.

Der Unterschied zwischen Al-Qaida-nahen Gruppen und den anderen lässt sich vereinfacht so darstellen: Während die Jihadisten der Nusra-Front und des noch extremistischeren Islamischen Staats (bis Anfang Juli 2014 hieß die Gruppe ISIL: Islamischer Staat im Irak und der Levante/Großsyrien, oft auch abgekürzt als ISIS) eine Agenda haben, die über Syrien hinausgeht, beschränken die anderen Islamisten ihre Ambitionen auf die Befreiung Syriens vom Assad-Regime. Was das von ihnen befreite Syrien für ein politisches System haben würde, ist eine andere Frage. Eine Demokratie nach westlichen Vorstellungen wäre es sicher nicht.

Ab Ende 2013 kam es vermehrt zu Kämpfen zwischen den islamistischen Gruppen untereinander, wobei alle, inklusive Nusra-Front, der damaligen ISIL feindlich gegenüberstanden. Dabei fühlten sich anfangs beide, ISIL und Nusra, Al-Qaida zugehörig, standen jedoch von Beginn an in einem Konkurrenzverhältnis. Auch Appelle und Befehle von Al-Qaida-Chef Ayman Zawahiri konnten daran nichts ändern, und letztlich ging die ISIL unter ihrem Chef Abu Bakr al-Baghdadi ihre eigenen Wege, militärisch so erfolgreich, dass im Sommer 2014 ein islamistisches »Sunnistan« über die syrisch-irakische Grenze hinweg Realität war. Teile der westirakischen Provinz Anbar und die Stadt Falluja hielten sie ja bereits seit Jahresbeginn besetzt, Mitte Juni eroberten sie – mit Hilfe von sunnitischen Stammesmilizen und den Altbaathisten des JRTN (Armee der Männer des Naqshbandi-Ordens) – die Stadt Mossul und später auch Saddam Husseins Heimatregion um Tikrit. Zu Ramadan-Beginn Anfang Juli rief Abu Bakr al-Baghdadi – vulgo Ibrahim Awad al-Badri – ein Kalifat aus und verkürzte den Namen der Gruppe auf Islamischer Staat. An der irakisch-syrischen Grenze schlossen sich auch Nusra-Kämpfer dem Islamischen Staat an, dort gab es eben mehr Erfolg – und Geld. Die extremistischen Gruppen haben offenbar keinerlei Probleme, aus privaten Kanälen genügend Finanzierung zu bekommen, wobei sich natürlich auch die übliche Kriegswirtschaft mit Schmuggel und Waffenhandel entwickelt hat. Der Islamische Staat besetzte bei seinem Vormarsch im Irak Ölfelder und plünderte Banken. Schon wenn man im April 2014 die Aufmärsche der ISIL in westirakischen Städten beobachtete, war man bass erstaunt über die Konvois von Mercedes und anderen Limousinen der Superklasse.

Staaten, die sich gegen das Assad-Regime engagieren, versuchen hingegen, »Gemäßigte« – mit der eingangs schon formulierten Einschränkung – zu unterstützen. Von einem gewissen Zeitpunkt an war im Syrien-Krieg jede Art von Hilfe, die eine Gruppe von außen bekam, nicht nur für den Kampf gegen das Assad-Regime gedacht, sondern auch gegen andere, konkurrierende Rebellen. Gibt es ein vernichtenderes Urteil über den Aufstand in Syrien im Jahr 2014 – in dem das Assad-Regime langsam, aber sicher seine Kerngebiete wieder unter Kontrolle brachte?

Ein beängstigendes Dokument

Welche Pläne Assad für »sein« Land hat, außer sich selbst und seine Klienten an der Macht zu halten, ist unbekannt. Über das jihadistische Denken wissen wir schon etwas mehr. Cole Bunzel aus Princeton haben wir einen faszinierenden und verstörenden Einblick zu verdanken: Für »Jihadica« hat er ein Dokument übersetzt, das das Ergebnis eines Al-Qaida-Brainstormings über Syrien enthält, mit strategischen Überlegungen, aber auch Empfehlungen für die Nusra-Front.[10] Die wichtigste ist übrigens »Geduld und noch einmal Geduld«, die zweite, das Ziel nie aus den Augen zu verlieren, das da wäre: die physische Vernichtung der Konfessionsgemeinschaft der Alawiten und die Etablierung von Gottes Gesetz in Syrien, als Vorstufe zur Errichtung eines Kalifates auf der ganzen Welt.

So weit, so wenig überraschend. Die Details sind aber sehr spannend. So kraus das Dokument ist, so wenig idealisierend ist es in dem Sinn, dass die Jihadisten meinen würden,

die Eroberung Syriens und die Durchsetzung ihrer Gottes-
staat-Pläne seien eine leichte und schnelle Sache. Im Gegenteil – mit dem Sturz des Regimes von Bashar al-Assad werde der eigentliche Kampf erst beginnen, prognostizieren sie.
Diese Einschätzung korrespondiert mit der Sorge von Beobachtern – und vieler Syrer und Syrerinnen – für die Zeit danach.

Zwei »rote Linien« gibt es für die Jihadisten, über »die man
nicht debattieren kann«.[11] Die erste ist der islamische Staat
und die zweite die Nichtanerkennung der »Sykes-Picot-Grenzen«. Mark Sykes und François Georges-Picot waren jene
Diplomaten aus Großbritannien und aus Frankreich, die
1916 das geheime »Asia Minor«-Abkommen für ihre Länder
schlossen, in dem Briten und Franzosen ihre Einflusszonen
im Nahen Osten für die Zeit nach dem Ersten Weltkrieg bereits im Wesentlichen festschrieben (und das die britischen
Versprechen für die Errichtung eines unabhängigen arabischen Reiches brach, die dem haschemitischen Scherifen
von Mekka, Hussein bin Ali, gegeben worden waren). Die
Jihadisten sehen die Länder in der Region als einen einzigen
Raum: Bilad al-Sham, Großsyrien – das manche Gruppen
im Namen tragen. Die ISIL erklärte durch ihre Reduktion
auf »Islamischer Staat« das Konzept für obsolet – das Kalifat
soll ja für alle Muslime und Musliminnen gelten, ohne ter-
ritoriale Festlegung. Ganz typisch für diese Nichtanerkennung der kolonialen Grenzen ist auch die Bezeichnung, die
das Dokument für den König von Jordanien – ein Nachkom-
me des oben erwähnten Scherif Hussein, der von der Familie Saud aus Mekka vertrieben wurde – wählt: der »Klient und
Sohn der Kreuzfahrer in Jordanien«. Jordanien ist ja als Land
ein Produkt dieser Neuordnung nach dem Ersten Weltkrieg.
Dass Jordanien im Visier des Islamischen Staats ist, zeigten
im Juni 2014 die Angriffe auf die Grenze, aus von ihm kont-
rolliertem Territorium. Es ist jedoch nicht ohne Ironie, dass

der Islamische Staat, der sich ja von Al-Qaida selbstständig gemacht hat, nun deren Programm zu verwirklichen scheint.

Auszulöschen sind die Alawiten, der größere und mächtigere Feind ist jedoch die »Zionisten-Kreuzritter-Zoroastrier«-Allianz: also Israel, der Westen – und der Iran, der in anderen jihadistischen Dokumenten meist als der »safawidische« bezeichnet wird (die Safawiden, 1501 bis 1722, führten in Persien die Schia als Staatsreligion ein). Sie versuchen sogar witzig zu sein, die Jihadisten: Die schiitische libanesische Hizbollah (Hizb Allah, Partei Gottes) nennen sie Hizb al-Lat: Al-Lat war eine vorislamische heidnische Gottheit in Mekka – wie jeder weiß, der die »Satanischen Verse« von Salman Rushdie gelesen hat. Die Schiiten sind demnach Heiden.

Die »Kreuzfahrer« würden nach dem Sturz Assads in Syrien intervenieren, um »den Frieden zu sichern«, »die Juden *(gemeint ist Israel, Anm.)* zu schützen« oder auch, um den Alawiten zu Hilfe zu eilen. Zu diesem Zwecke werde man Syrien teilen und die alawitische Sekte werde als »Nagel im Hals der Sunniten in Großsyrien« erhalten werden: als der alawitische Staat, den es ja in der ersten Hälfte des 20. Jahrhunderts schon einmal gegeben hat. Darauf folgt dann der wirkliche Kampf.

Überraschend ist die Vehemenz, mit der sich das Dokument gegen »die Islamisten« wendet, nämlich die »säkularen Islamisten« oder »säkularen Pseudo-Muslime«. Damit sind vor allem die Muslimbrüder gemeint, die von der »internationalen Verschwörung« gefördert werden. Sie sollen an die Macht gebracht werden und die Drecksarbeit für die ungläubigen Mächte erledigen, indem sie die Jihadisten bekämpfen. Es ist wirklich frappierend, wie sehr sich das mit der Verschwörungstheorie derer deckt, die die Muslimbrüder von der anderen Seite her bekämpfen: die nationalistischen Kräfte in Ägypten und anderswo und die salafistischen Golfmonarchien. Auf der Seite der »säkularen Islamisten« stehen natürlich auch die – alles Zitate – Muslimbruderschafts-Regierung in der Türkei, der Kreuzrittersohn in Jordanien und seine Muslimbrüder-Freunde, die libanesische Hizbollah, die Safawiden-Regierung im Irak *(gemeint ist, dass die Regierung schiitisch geführt und vom Iran abhängig ist, Anm.)*, die Heuchler im Hijaz (das saudi-arabische Königshaus, das Mekka und Medina kontrolliert), die Muslimbrüder-Regierung in Ägypten (die bei der Abfassung dieses Dokuments noch nicht gestürzt war), und alle anderen Muslimbrüder-Gruppen.

Das Dokument zeigt sich auch medienbewusst: Der »lügende« katarische Fernsehkanal Al Jazeera führe einen Krieg gegen die Jihadisten, auch indem er deren Kriegserfolge in Syrien regelmäßig der »Free Syrian Army« zuschreibe. Dem müsse man mit einer Informationskampagne entgegentreten. Der Autor des Jihadica-Dokuments fügt auch noch eine »persönliche« Notiz an: Er selbst sei gegen Angriffe auf »das, was man Israel nennt«. Das würde den Kreis der Feinde nur erweitern. Nur wenn Israel direkt zugunsten der Alawiten eingreife – die Idee, dass es eine alawitisch-jüdische Allianz gibt, geistert immer wieder herum – oder in einer späteren Phase »die Entschlossenheit der Mujahidin *(der islamischen Kämpfer, Anm.)* testen werde«, dann werde einem nichts anderes übrig bleiben, als sich direkt gegen Israel zu wenden.

Die frühislamische Geschichte kommt zurück

Der jihadistische Wahnsinn ist nach und nach in den syrischen Aufstand eingesickert, aber die Basis dafür wurde sehr früh gelegt. Mir wurde öfters vorgeworfen, dass ich das religiöse Element überbewerte: Die Rebellengruppen würden sich nur deshalb in einem sunnitischen und antischiitischen

Kontext darstellen, weil sie dadurch mehr Unterstützung, besonders aus den Golfländern, zu lukrieren hofften. Das ist einleuchtend – aber etwa aus der jüngsten irakischen Geschichte weiß man, wie schnell ein Rückgriff auf die religiöse Symbolik eine Eigendynamik entwickeln kann. Das Regime von Saddam Hussein wurde immer als knochentrocken säkular hingestellt – obwohl der irakische Staatsdiskurs längst islamisiert war. Das begann mit dem Krieg gegen den Iran in den 1980er Jahren, als Saddam Hussein die religiöse Legitimierung von Ayatollah Khomeini wettzumachen versuchte. Am Ende hörten sich Saddams Reden wie die eines religiösen Führers an. Und nach seinem Sturz 2003 hatten die Überbleibsel seines Baath-Regimes keinerlei Probleme, mit sunnitischen Islamisten zusammenzugehen. Auch bei der sunnitischen Offensive gegen die irakische Regierung im Juni 2014 arbeiteten sie wieder zusammen, wenngleich sich früh Interessensdivergenzen zeigten.

In Syrien war auffällig, wie früh die Bataillone der damals als Organisation noch nicht einmal wirklich existierenden »Free Syrian Army« (FSA) zumindest zum Teil Namen wählten, die aus einem historischen sunnitischen – und antischiitischen – Kontext stammten. Bei weitem nicht alle, aber viele, zu viele. Riad al-Asaad, der damalige Kommandeur, betonte stets, dass er und die Leute, die er um sich scharte, keinerlei konfessionelle Agenda hätten – und das war zumindest für seine Person durchaus glaubhaft, denn die syrische Luftwaffe, aus der er kommt, ist ganz bestimmt nicht der klassische Ort für islamistische Verschwörungen. Asaad hatte, zu Beginn mit nur sechs Kameraden, der Armee den Rücken gekehrt, weil er das brutale Vorgehen der syrischen Sicherheitskräfte gegen die Demonstranten nicht mittragen wollte. Das war der Beginn der FSA, in der auch Alawiten dienten.

Ein Blick ins Internet ergab jedoch schon im Herbst 2011 einen Hinweis auf die Entwicklung, die da im Gange war:

Da gab es in Wikipedia unter »Free Syrian Army« eine Liste von 22 Bataillonen der FSA, mit Namen und Einsatzgebieten. Eine Durchsicht ergab, dass etliche Namen eindeutig Opfern der Repression des Aufstands zuzuordnen sind, da war der kurdische Oppositionspolitiker Mishaal Tammo, der Anfang Oktober 2011 erschossen wurde, oder Hamza al-Khateeb, ein 13-Jähriger, der bereits im Mai 2011 in Deraa, dem Ausgangsort des Aufstands, von Sicherheitskräften gefoltert und umgebracht wurde, oder auch der Deserteur und FSA-Angehörige Hussein Harmoush, der verschleppt und im syrischen Fernsehen zu einem »Geständnis« gezwungen wurde. Aus der syrischen Geschichte sprang der Name Sultan Pasha al-Atrash ins Auge, ein arabisch-syrischer Nationalist drusischer Herkunft, der bereits die Revolution in den 1920er Jahren mitgetragen hatte. Er starb hochbetagt in den 1980ern, ein Nationalheld, ganz klar den Säkularen zuzurechnen.

Etliche Namen von Bataillonen waren jedoch aus der islamischen Frühgeschichte entlehnt, meist von Prophetengefährten, die sich zum Teil schon in den Schlachten zu Muhammads Lebzeiten hervorgetan hatten. Da fand sich ein Bataillon, das nach Saad Ibn Muadh benannt wurde, der an seinen bei der Grabenschlacht 627 erlittenen Verletzungen starb – er ging in die Geschichte ein als derjenige, der den in dieser Schlacht besiegten jüdischen Stamm Banu Qurayza ausrotten ließ. Prophetengefährten waren auch Khalid Ibn al-Walid und Abu Ubaydah Ibn al-Jarrah, die zwei berühmten und konkurrierenden obersten Feldherren des ersten und des zweiten Kalifen, Abu Bakr und Omar. Auch nach ihnen wurde je ein FSA-Bataillon benannt. Beide spielten bei der islamischen Eroberung der Levante eine große Rolle, Khalid Ibn al-Walid, genannt »Das gezogene Schwert Gottes«, eroberte aber 633 auch den Teil Mesopotamiens südlich des Euphrat von den Sassaniden. Bei al-Qadisiya, der entscheidenden Schlacht gegen die Perser in der Nähe von

78

Kufa im heutigen Irak, war 636 keiner der beiden Feldherren dabei, aber weil sie an der byzantinischen Front so erfolgreich waren (Schlacht von Yarmuk, drei Monate vor al-Qadisiya), konnten die Streitkräfte gegen die Sassaniden verstärkt werden.

Einfach nur »islamisch« sind die meisten Namen dieser Kategorie aber nicht, manche haben einen klaren Bezug auf die sunnitisch-schiitische Konfliktgeschichte – und oberflächlich betrachtet gehört die alawitische Sekte, der die Assads angehören, ja auch in die schiitische Schublade. Dazu kommt noch, dass Bashar al-Assad ein Verbündeter des Iran ist. Khalid Ibn al-Walid gilt als stark antialidisch (gegen Ali, dazu gleich). Der schon erwähnte Kalif Omar (634–644), nach dem ebenfalls ein Bataillon benannt ist, hat aus schiitischer Sicht Ali Ibn Abi Talib, dem Neffen und Schwiegersohn des Propheten Muhammad, die legitime Nachfolge des Propheten gestohlen, als er Kalif wurde (Ali wurde dann 4. Kalif in der Reihe, aber von seinen Gegenspielern heftig bekämpft). Und laut dem schiitischen Narrativ war Omar sogar für den Tod von Fatima, der Tochter Muhammads und Alis Gattin, verantwortlich: Sie starb angeblich an den Verletzungen, die sie erlitt, als Omar ihr Haus stürmen ließ.

Aber immerhin, Omar ist ein Kalif und eine Referenzfigur für alle frommen Sunniten, man kann den Bezug auf ihn also nicht eindeutig als antischiitische Kampfansage werten, auch wenn es wahrscheinlich so gemeint ist: Aber da gab es auch noch den Bataillonsnamen Muawiya Ibn Abi Sufyan. Muawiya (gest. 680) war unter dem dritten Kalifen Othman syrischer Statthalter und später der erste umayyadische Kalif – und der ewige Widersacher von Ali, dem er in der Schlacht von Siffin (657) militärisch gegenüberstand und dessen Sohn Hassan er nach schiitischer Lesart zugunsten seines Sohnes Yazid um die Nachfolge betrog. Yazid ist überhaupt eine Horrorgestalt für die Schiiten – hat doch seine Armee 680 in der Schlacht von Kerbala Alis Sohn Hussein, den Enkel Muhammads also, getötet. Darum rankt sich die ganze schiitische Passionsgeschichte. Aber der Yazid ist nicht einmal den Sunniten geheuer.

Die FSA verlor später viele Kämpfer und ihr lose zugerechnete Gruppen – mehr waren die Bataillone ja anfangs auch nicht – an die islamistischen Dachorganisationen, die sich als das deklarierten, was sie waren: Glaubenskämpfer, für die der Sturz Assads nicht nur ein politisches, sondern auch ein religiöses Anliegen war. Das hat im Grunde dem Aufstand das Genick gebrochen, was sein internationales Ansehen betraf, denn eine bereits skeptische Weltöffentlichkeit sah mit Schrecken, dass die militärisch erfolgreichsten Kräfte zugleich die radikalsten waren. Das erklärt auch die amerikanische Distanz: Die Kooperation der USA mit solchen Gruppen in Afghanistan in den 1980er Jahren hat ihnen bekanntlich nicht deren Dankbarkeit beschert, sondern Osama bin Laden. Und Saudi-Arabien, jahrzehntelanger Förderer des Salafismus, steht ebenfalls im Visier der Jihadisten, denn nach ihrer Ansicht hat das Königshaus den rechten Pfad des Islam längst verlassen, allein schon durch seine Kooperation mit den USA. Im Februar 2014 gab König Abdullah ein Dekret heraus, dass den Jihad im Ausland – also auch in Syrien – unter strenge Strafen stellt, Angehörige der saudischen Sicherheitskräfte haben mit Haft von bis zu 30 Jahren zu rechnen, wenn sie sich kämpfenden Gruppen anschließen. Das ist ein vernünftiger Schritt – aber er wirft auch ein grelles Schlaglicht auf die Dimensionen des Problems, das mit dem Syrien-Krieg nicht zu Ende sein wird.

Der Chemiewaffen-Coup

*Das Assad-Regime kam im Sommer 2013 einem
US-Militärschlag zuvor, indem es seine chemischen
Waffen aufgab*

Eine der seltsamsten Wendungen im Syrien-Konflikt kam im
September 2013: Mitten im Krieg – und militärisch bei weitem noch nicht so konsolidiert wie im Frühsommer 2014 –
beantragte das Assad-Regime den Beitritt Syriens zur OPCW,
der Organisation for the Prohibition of Chemical Weapons,
um die Chemiewaffenkonvention und damit ein Chemie-
waffenverbot zu unterzeichnen. Zuvor hatte Bashar al-Assad einer russisch-amerikanischen Vereinbarung zur Abrüstung der syrischen Chemiewaffen zugestimmt. Der große
Teil der internationalen Gemeinschaft – zumindest der Westen, nicht aber Russland – hatte das Assad-Regime für mehrere Angriffe mit Chemiewaffen auf Rebellen und auf Zivilisten, im Speziellen für einen Einsatz in Ghouta bei Damaskus
am 21. August 2013, verantwortlich gemacht. Ein US-Militärschlag lag in der Luft – und plötzlich war er abgesagt.

Die Diskussion ist noch immer nicht abgeschlossen, ob
und unter welchen Umständen die syrische Armee tatsächlich zu den verpönten chemischen Waffen griff oder ob der
C-Waffen-Einsatz sogar von Rebellenseite kam und eine
US-Intervention erzwingen sollte: Im Frühjahr 2014 erschien
dazu ein aufsehenerregender, gleichzeitig sehr umstritte-
ner Artikel von Seymour Hersh, der die Türkei als Strippen-
zieher benennt.[12] Ministerpräsident Recep Tayyib Erdogan,

ein Unterstützer des syrischen Aufstands von Stunde eins an, habe US-Präsident Barack Obama zur Einhaltung seiner im August 2013 verkündeten »roten Linie« zwingen wollen, schreibt Hersh. Umso mehr, als sich das militärische Blatt in Syrien damals zugunsten Assads und zu Ungunsten der Rebellen zu wenden begann. Wie es wirklich war, wird man noch lange nicht mit Gewissheit sagen können. Aber nur so viel: Es ist richtig, dass ein Chemiewaffeneinsatz vonseiten des syrischen Regimes im Sommer 2013 geradezu idiotisch, ja beinahe selbstmörderisch anmutet. Aber man sollte nicht darauf vertrauen, dass die Beantwortung der Frage »cui bono?« – Wem nützt das? – immer zu den richtigen Ergebnissen einer Ermittlung führt. Nur weil etwas dumm ist, ist es nicht unmöglich. Ein gutes Beispiel dafür, was ich damit meine, kommt aus einem verwandten Umkreis: die Ermordung des libanesischen Expremiers Rafiq al-Hariri bei einem Großattentat im Februar 2005. Wenn die Mörder tatsächlich aus den Reihen der syrienfreundlichen Hizbollah kamen – jedenfalls wird seit Februar 2014 in absentia vor dem Libanon-Sondergericht in Den Haag gegen Hizbollah-Mitglieder verhandelt –, dann erzielten sie in der Tat ein völlig paradoxes Ergebnis: Ein antisyrischer Aufschrei ging durch den Libanon, und in der Folge mussten die syrischen Truppen noch im selben Jahr den Libanon verlassen. Das war bestimmt nicht die Absicht der Hariri-Mörder – außer man ergeht sich in Verschwörungstheorien. Aber Akteure, zumal hermetisch denkende autokratische Regime, handeln eben nicht immer logisch, sie tun durchaus auch selbstschädigende Dinge, und das nicht nur im Nahen Osten.

Aber zurück nach Syrien in den Spätsommer 2013 und die Abrüstung der Chemiewaffen: Später erfuhr man, dass die Diskussion zwischen Washington und Moskau über eine mögliche Sicherung des C-Waffen-Arsenals bereits Monate vorher angelaufen war. Das gemeinsame, wenn auch unterschiedlich begründete Interesse, die Gefahr einer Chemiewaffenkatastrophe zu unterbinden, war riesengroß: Neben den humanitären Aspekten im syrischen Krieg, der Sorge, dass die Waffen gegen Zivilisten eingesetzt werden könnten, von wem auch immer, bestand auch eine ständige Angst, dass jihadistische Kämpfer die Waffen in die Hand bekommen und wahnsinnige Dinge damit anstellen könnten – etwa gegen Israel, mit allen schrecklichen Folgen für Israel selbst und eine regionale Ausweitung des Konflikts. Diese gemeinsame Interessenlage führte zu einer Einigung von Außenminister John Kerry und Sergej Lawrow auf einen gemeinsamen Abrüstungsplan.

Vorher hatte ein seltsames mediales Spektakel stattgefunden, dessen Genesis ebenfalls bis heute nicht ganz geklärt ist: Die USA hatten einen Militärschlag gegen Syrien bereits für so gut wie unabwendbar erklärt, außer – so sagte Kerry – das syrische Regime würde alle seine C-Waffen abgeben: »Aber das ist nicht zu machen.« Postwendend kam die Reaktion aus Moskau: Genau das werde das syrische Regime tun. Und so geschah es dann auch. Wobei Russland jedoch ausdrücklich nicht auf die westliche Version einschwenkte, dass die Assad-Armee für den Einsatz der Waffen in Ghouta verantwortlich gewesen war.

Zuerst mussten die USA und Russland noch ihre geheimdienstlichen Informationen über die syrischen Bestände an Sarin, Senfgas und VX abgleichen – das war schon deshalb so wichtig, damit Syrien bei der Deklaration seiner C-Waffen nicht irgendwo etwas »vergessen« könnte. Aber danach lief alles fast wie am Schnürchen: die syrische Erklärung, die Erstellung eines Abrüstungsplans durch die OPCW, die UNO-Sicherheitsratsresolution 2118 vom 27. September 2013, in der das Procedere völkerrechtlich untermauert wurde. Anfang Oktober begannen die Inspektionen in Syrien und auch schon die ersten Zerstörungen – allerdings zuerst von Infrastruktur, denn die Vernichtung der Giftstoffe selbst war eine langwierige und gefährliche Aufgabe, die außerhalb Syriens, auf speziell dafür ausgerüsteten Schiffen, vonstattengehen sollte. Dazu kam, dass manche der militärischen Anlagen, in denen C-Waffen vermutet oder deklariert wurden, in Kampfgebieten lagen. Verspätungen im Zeitplan – mit dem üblichen »blame game«, wer dafür die Schuld trage – blieben nicht aus. Aber das Werk schritt voran, das Ziel, in der ersten Jahreshälfte 2014 die Zerstörung aller Waffen und allen Materials abzuschließen, wurde zwar verfehlt, aber Ende Juni war zumindest alles aus Syrien herausgebracht.

Obamas Dilemma

US-Präsident Barack Obama musste bei den Syrien-Gegnern – allen voran in Saudi-Arabien und der Türkei, aber natürlich auch bei den syrischen Oppositionellen – einen großen Verlust an Ansehen hinnehmen, als er Abstand von einem Militärschlag nahm. Andere waren zwar erleichtert, dass eine Eskalationsgefahr abgewendet war, aber es blieb eine erstaunliche und auch ärgerliche Seite der Sache, dass sich die Abrüstungseinwilligung des syrischen Regimes zu einem echten PR-Erfolg auswuchs: Bashar al-Assad stand plötzlich als so etwas wie ein verantwortungsvoller Staatsmann da. Obama wurde es auch quasi als leichtfertig und politisch ungeschickt ausgelegt, dass er sich im Sommer 2012 selbst diese »rote Linie« gesetzt hatte, als er sagte, dass die USA einen Einsatz von Chemiewaffen in Syrien nicht hinnehmen würden. Eine Falle, aus der er nur mit Ansehensverlust wieder herauskam.

Die Sache ist wohl eher so zu erklären, dass Obama sich mit der »roten Linie« und seinen Militärschlag-Drohungen einfach selbst beim Wort nahm und nehmen musste: Die – immerhin mit einem Vorwort des Präsidenten versehene – offizielle amerikanische Verteidigungsstrategie von 2012 (»Sustaining U. S. Leadership: Priorities for 21st Century Defense«) ist zu diesem Thema sehr aufschlussreich. Darin, wie auch in dem übergeordneten Dokument, der National Security Strategy 2010, hat die Eindämmung von Massenvernichtungswaffen (WMD) eine besondere Priorität.

Als eine der »Primary Missions for the U. S. Armed Forces« wird angeführt, dass US-Streitkräfte »eine Reihe von Aktivitäten durchführen, um die Verbreitung und den Gebrauch von nuklearen, biologischen und chemischen Waffen zu verhindern«. Das schließt Operationen mit ein, WMD und ihre Komponenten sowie die Mittel und Anlagen, diese herzustellen, »zu lokalisieren, zu beobachten, aufzuspüren, zu ergreifen und zu sichern«. Und die USA würden auf WMD-Gebrauch reagieren, sollten Präventivmaßnahmen scheitern, heißt es da. Genau das wäre im Sommer 2013 der Fall gewesen. Die Bekämpfung von WMD, als »nationales Interesse« formuliert, hatte mit Sicherheit auch ein höheres Gewicht bei der Entscheidungsfindung der USA als die eventuelle Unterstützung, die ein Militärschlag für die Rebellen gewesen wäre. Sie wäre »nur« ein Nebeneffekt gewesen.

Bei all dem war das Unbehagen Obamas, als er davor stand, in Syrien militärisch zu intervenieren, deutlich spürbar – und fast begierig griff er den von Moskau offerierten Ausweg auf. Die Bedenken waren groß, und das »nationale Interesse« der USA gegen WMD setzte nicht außer Kraft, was Generalstabschef Martin Dempsey am 19. August 2013 in einem Brief an den Kongressabgeordneten Eliot Engel in Beantwortung von dessen Frage schrieb: dass ein Eingreifen die Gefahr mit sich bringe, dass die USA danach immer tiefer in den syrischen Sumpf hineingezogen würden. Dempsey griff auch die Frage auf, ob man sich damit auf die Seite der »Richtigen« schlagen würde: »Ich glaube, dass die Seite, für die wir uns entscheiden, bereit sein muss, die eigenen und unsere Interessen zu vertreten, wenn die Balance zu ihren Gunsten verschoben wird. Das ist heute nicht der Fall.«

Man muss nüchtern konstatieren, dass die Partie zwischen den USA und Russland in der syrischen Chemiewaffenfrage zugunsten Moskaus ausging. Zwar sprang dabei sogar eine – zu anderen Syrien-Aspekten unerreichbare – UNO-Sicherheitsratsresolution heraus, aber auch sie war ein Kompromisspapier, das die USA nicht gerade als den Hammer zeigte, der auf Syrien einschlug. Die USA konnten noch so darauf pochen, dass sie insgesamt ein Drohpaket gegen Syrien geschnürt hatten. Die russische Darstellung, dass eine Militäraktion verhindert worden war, war für die meisten Beobachter die überzeugendere.

Eine Region der Massenvernichtungswaffen

Syrien hat immer als eines der Länder mit den weltweit größten Arsenalen an Giftgaswaffen gegolten. Die Anfänge des Programms gehen in die 1970er Jahre zurück, ägyptische und sowjetische Hilfe dürften anfangs eine große Rolle gespielt haben. 2013 beliefen sich die westlichen geheimdienstlichen Schätzungen des syrischen Giftgasarsenals auf etwa 1000 Tonnen, laut Berichten waren es letztlich 1300. Vor September 2013 hatte Syrien nie zugegeben, chemische Waffen zu besitzen.

Aber Syrien war bis zu seinem Beitritt keineswegs der einzige OPCW-Muffel. Im Nahen Osten liegen weiterhin zwei der nunmehr insgesamt sechs Staaten, die keine Mitglieder der Chemiewaffen-Verbotsorganisation sind. Israel hat die Chemiewaffenkonvention zwar 1993 unterschrieben, aber nie ratifiziert, und Ägypten hat nichts dergleichen getan.

Von den Nachbarn Israels ging Jordanien bereits 1997 – dem Jahr, in dem die Konvention in Kraft trat – mit gutem

Beispiel voran, der Libanon, immerhin im Kriegszustand mit Israel, trat 2008 bei.

Der Irak brauchte trotz oder wegen seiner Vergangenheit auch ziemlich lange: Von Saddam Hussein wurden ja in den 1980er Jahren massiv Chemiewaffen im Krieg gegen den Iran und 1988 gegen die eigene kurdische Bevölkerung beim Tausende Tote fordernden Bombardement von Halabja eingesetzt, einem Ort nahe der irakisch-iranischen Grenze, der damals von den Iranern kontrolliert wurde. In den 1990er Jahren, nach Saddams verlorenem Golfkrieg um Kuwait, rollten UNO-Inspektoren das ganze Ausmaß der irakischen Massenvernichtungswaffen-Programme auf, und obwohl der Irak nach 1995 nichts davon mehr hatte oder wiederzubeleben versuchte, wurde der Krieg der Amerikaner im Jahr 2003, der Saddam Hussein stürzte, im Namen des Kampfs gegen geheime Waffen geführt. 2009 unterschrieb und ratifizierte Bagdad die Chemiewaffenkonvention. Als Vertreterin der österreichischen EU-Ratspräsidentschaft in Bagdad musste oder durfte ich 2006 einmal in dieser Sache demarchieren, das heißt, im irakischen Außenministerium eine Demarche überreichen, in der die Europäische Union dem Irak nahelegte, der Konvention beizutreten.

Der Iran ist schon seit 1997 bei der OPCW. Teheran startete in den 1980er Jahren, als Reaktion auf die irakischen Angriffe, ein C-Waffen-Programm, und laut US-Quellen hat der Iran später im Krieg auch Kampfgase eingesetzt, aber das ist umstritten. Übrigens gab es in den USA Leute, die den irakischen Angriff auf Halabja 1988 den Iranern anhängen wollten: Saddam Hussein stand eben damals höher im Kurs als Ayatollah Khomeini.

Dass Israel und Ägypten der OPCW nicht beitreten, hat in Zeiten der allgemeinen Ächtung von C-Waffen viel mehr politische Gründe als praktische militärische. Israel wurde nach seinen Libanon- und Gaza-Offensiven zwar beschuldigt, Chemiewaffen eingesetzt zu haben. Der weiße Phosphor, um den es da ging, fällt, so schrecklich er ist, aber nicht unter die von der Chemiewaffenkonvention verbotenen Substanzen. Ägypten hingegen dürfte das erste arabische Land sein, das Chemiewaffen im Nahen Osten verwendet hat, aber das ist ein halbes Jahrhundert her: Während des ägyptischen Jemen-Abenteuers, als Präsident Gamal Abdul Nasser auf der Seite des Südjemens gegen die von Saudi-Arabien unterstützten Royalisten im Nordjemen eingriff (1963–1967), setzten die Ägypter Senfgas und Phosgen ein. Es wird geschätzt, dass bei diesen Angriffen insgesamt etwa 1400 Menschen umkamen.

Der erste Chemiewaffen-Einsatz im Nahen Osten geht, wenig überraschend, auf das Konto von Europäern: Die Briten probierten bei der von ihnen verlorenen »Zweiten Schlacht von Gaza« im April 1917 gegen die Osmanen Chemiewaffen aus. Der »Erfolg« blieb jedoch aus, die Gase wurden vom warmen Wüstenwind sofort verweht – der australische Historiker Robin Prior schreibt, die Türken hätten den Einsatz nicht einmal bemerkt.[13] Ob die Briten auch gegen die irakische Revolte 1920 Giftgas eingesetzt haben, ist umstritten. Verbürgt ist hingegen, dass Winston Churchill, damals »Secretary of State for Air«, im Mai 1919 gesagt hat: «I am strongly in favour of using poisoned gas against uncivilised tribes.«

Ägypten gilt als das Land mit dem ersten Chemiewaffenprogramm in der Region – jedoch wird dessen Start wiederum mit den Anfängen des israelischen Atomprogramms in den 1950er Jahren in Zusammenhang gesehen. Dieser Zusammenhang gilt zumindest heute: Der ägyptische Nichtbeitritt ist Teil der ägyptischen Kampagne gegen die israelischen Atomwaffen. Über die heutigen ägyptischen C-Waffen-Arsenale ist wenig bekannt. Es wird angenommen, dass zum bekannten Senfgas und Phosgen später auch VX dazukam. In den 1970er Jahren soll es laut der Federation of American

Scientists eine Zusammenarbeit mit Syrien gegeben haben, vielleicht in den 1980ern, während des Iran-Irak-Kriegs, auch mit dem Irak.

Die israelischen Medien – die sich wegen der Zensurbestimmungen meist nur über Umwege mit so brisanten Fragen der nationalen Sicherheit befassen können – zitierten im Herbst 2013 ausführlich einen Artikel in »Foreign Policy« vom September mit dem Titel »Does Israel Have Chemical Weapons Too?«. Die Frage wird in dem Beitrag nicht beantwortet: Es ist nicht bekannt, ob und welche Arsenale Israel hat. Ein CIA-Bericht von 1983 ist bisher der stärkste Hinweis, dass Israel zumindest früher C-Waffen produziert und besessen hat. Demnach hätten amerikanische Spionagesatelliten 1982 in der Negev-Wüste eine Anlage entdeckt, in der Nervengas hergestellt und gelagert wurde. Laut CIA sollen die Kriege mit den Arabern 1967 und 1973 das israelische Chemiewaffenprogramm beschleunigt haben. Der israelische Historiker Avner Cohen, der vor allem über das israelische Atomprogramm publiziert hat,[14] schreibt jedoch, dass das C-Waffen-Programm bereits von David Ben Gurion etwa 1956 gestartet wurde.

Als Israel die Chemiewaffenkonvention 1993 unterschrieb, war soeben der Oslo-Friedensprozess in Gang gekommen, der schon bald danach zu entgleisen begann. Zur Ratifizierung kam es nicht mehr. Israel repliziert das ägyptische Argument: Solange seine Nachbarn nicht massenvernichtungswaffenfrei sind, wird es keinen israelischen Verzicht auf WMD geben. Israel, die einzige Atommacht in der Region (wenn man Pakistan nicht zu ihr zählt), hat ja auch den Atomwaffensperrvertrag nicht unterschrieben – im Gegensatz zu Ägypten, das im Laufe des Friedensprozesses mit Israel von der Idee von Atomwaffen, die unter ägyptischen Militärs zuvor sehr wohl Thema waren, Abstand genommen hat (und dafür von den USA mit Militärhilfe belohnt wurde). Sollte

Ägypten tatsächlich erwartet haben, dass auch Israel nachziehen würde, wurde es bekanntlich enttäuscht. Interessanterweise wird ausgerechnet in der UNO-Sicherheitsresolution 687, die im April 1991 nach dem Golfkrieg die Abrüstung des Irak befahl, an das Ziel erinnert, dass der Nahe Osten eine nuklearwaffenfreie Zone werden sollte. Es blieb bei der Erinnerung, auch wenn das Thema, zum Missvergnügen Israels, bei Atomsperrvertrag-Konferenzen regelmäßig aufgegriffen wird. Fast wie ein müder Trick mutet es an, dass deshalb nicht mehr ein atomwaffenfreier, sondern gleich ein massenvernichtungswaffenfreier Naher Osten zum Diskussionsgegenstand erhoben wird. Es funktioniert natürlich trotzdem nicht. Für 2012 war eine Konferenz zu diesem Thema geplant, im Sommer 2014 ist sie noch immer nicht in Sicht.

Saudi-Arabiens Wahhabismus
in der Sackgasse

Die puristische Auslegung des Islam wurde in den
vergangenen Jahrzehnten von Saudi-Arabien mit großem
Einsatz verbreitet – heute ist Ernüchterung eingekehrt

Das »King Abdullah Bin Abdulaziz Al Saud International
Center for Interreligious and Intercultural Dialogue« in Wien
war in Verruf, bevor es im November 2012 eröffnet wurde. Als
wahhabitische Missionszentrale werde es fungieren, von dort
aus würden die »normalen« österreichischen Muslime radi-
kalisiert werden, meinten die Gegner – denn man wisse doch,
dass die Verbreitung des in Saudi-Arabien praktizierten wahhabitischen Islam von jeher ein Anliegen des Königsreichs
sei. Der Wahhabismus, der als Staatsdoktrin Saudi-Arabiens
gilt, ist zum Inbegriff der islamischen Strenge und einer ge-
sellschaftspolitischen Rückständigkeit geworden – und aus
Saudi-Arabien kommende Nachrichten bestätigen oft dieses
Bild: Hinrichtungen, Körperstrafen, das Chauffierverbot für
Frauen, das Fehlen jeglicher Religionsfreiheit und so weiter.
Und diese Islamauffassung wurde in der Tat über Jahrzehnte
hindurch unter dem Einsatz immenser finanzieller Mittel in
der islamischen Welt, und nicht nur dort, verbreitet.

Das war früher international fast allen egal und kam hin
und wieder sogar zupass – etwa bei der Zusammenarbeit zwischen den USA, Saudi-Arabien und islamischen Extremisten
beim Kampf gegen die sowjetische Besatzung in Afghanistan

in den 1980er Jahren. Aber spätestens am 11. September 2001 wurde die Welt mit den Auswüchsen konfrontiert: Osama Bin Laden, dessen »Karriere« ebenfalls in Afghanistan begonnen hatte, war zwar ein saudi-arabischer Dissident und Feind des saudischen Systems. Aber er war in diesem Dunstkreis groß geworden. Die Basis seines Denkens bildete der wahhabitische Islam, zu dessen radikalster Auslegung sich noch Elemente anderer jihadistischer salafistischer Strömungen und extreme Ausläufer der Ideologie der ägyptischen Muslimbrüder gesellten. Vom saudischen Königshaus sagte sich Bin Laden erst 1990 los, als König Fahd angesichts der irakischen Bedrohung nach Saddam Husseins Kuwait-Invasion nicht auf Bin Ladens Angebot zurückgriff, seine Afghanistan-Kämpfer zur Verteidigung Saudi-Arabiens zur Verfügung zu stellen. Stattdessen holte der König amerikanische Truppen, also die Armee der Ungläubigen, ins Land der Heiligen Stätten des Islam.

Wahhabiten und Salafisten: historische Unterschiede

Der Begriff »wahhabitisch« ist eine pejorative Fremdbezeichnung – obwohl es Hinweise darauf gibt, dass sich neuerdings in der Diaspora manche dieser Islamauslegung folgende Muslime selbst so bezeichnen (konkret wurde mir ein Fall aus dem österreichischen Bundesheer berichtet). Wahhabiten würden sich, wenn sie sich als Muslime näher beschreiben müssten, selbst am ehesten »Muwahhidun« nennen, Bekenner des »tawhid«, des Glaubens an die Einheit Gottes – im Gegensatz zu allem, was diese Einheit in Frage stellt. Das ist deshalb so wichtig, weil sich vieles aus dieser monotheistischen – respektlos gesprochen – Obsession erklären lässt: zum Beispiel die Ablehnung der Schia, die mit ihren zwölf mit besonderen spirituellen Fähigkeiten ausgestatteten Imamen für einen Muwahhid in gefährlicher polytheistischer Nähe steht, aber auch alle Formen des sunnitischen Volksislam, in denen etwa »Heilige« (natürlich nicht im christlich katholischen Sinn) verehrt werden. Das führte mit dem Aufkommen des Wahhabismus im späteren Saudi-Arabien zu einem Sturm gegen alles, was nicht »urislamisch« war und vom reinen Islam ablenken konnte.

In den Medien wird der Begriff Wahhabiten und Salafisten oft synonym verwendet, was zwar die Inhalte betreffend nicht falsch ist, aber historisch nicht stimmt. Man könnte es – vereinfacht – so formulieren: Jeder Wahhabit ist ein Salafist, aber nicht jeder Salafist ist ein Wahhabit, denn es gibt etliche salafistische Strömungen, die sich nicht auf den »Gründer« des Wahhabismus, Muhammad Ibn Abdulwahhab, beziehen. Er wird aber von allen Salafisten als großer islamischer Gelehrter respektiert. Man kann sagen, der Wahhabismus sei eine lokale salafistische Variante. Unter »Salaf« sind die ersten Generationen des Islam, die rechtgläubigen, frommen Vorfahren, zu verstehen, die nach Meinung der Salafisten den reinen Islam noch lebten, zu dem es heute zurückzukehren gilt, im Sinn der Besinnung auf eine – natürlich konstruierte – Authentizität.

Als Denkschule ist die Salafiya alt, der Theologe Ibn Taymiya (gestorben 1328) etwa erwähnt sie als die »einzig wahre«. Salafistische Gruppen bildeten sich jedoch besonders zu Ende des 19. Jahrhunderts als Antwort auf die Herausforderungen der Moderne und des Kolonialismus. Die vom arabischen Nationalisten Shakib Arslan als Titel eines Essays gestellte Frage »Warum ist die arabische Welt zurückgeblieben, und warum haben sich die anderen weiterentwickelt?« wurde von den Salafisten mit »weil wir den wahren Islam vergessen haben« beantwortet.

Salafisten sind traditionell eigentlich »nur« religiös militant – bei der Verteidigung beziehungsweise Wiederherstellung dessen, was sie für den einzig akzeptablen Monotheismus halten. Politisch sind sie ursprünglich meist Quietisten: Das Herrschen war Angelegenheit eines – möglichst fähigen, halbwegs frommen – Herrschers, und die Revolte gegen diesen wurde als unislamisch angesehen. Auf dieses Modell bauen auch die salafistischen arabischen Monarchien am Persischen Golf. Und typischerweise schlossen sich auch nur wenige ägyptische Salafisten 2011 den Protesten gegen Hosni Mubarak an – während sie aber im Nachhinein das »Ergebnis« der Revolte begrüßten. Umso größer war die Überraschung, als salafistische Gruppen danach mit Parteigründungen in die Politik – die einer Republik! – einstiegen.

Die Umtriebe radikaler Salafisten – ihre Ausmerzungsversuche alles »Unislamischen« – sind seit 2011 vermehrt mediales Thema. Man denke etwa an die Gruppe Ansar Dine (»Helfer des Glaubens«) in Mali, die in Timbuktu gegen das alte islamische Weltkulturerbe wütete. Für die Durchsetzung der einzig richtigen islamischen Ordnung sollten Manifestationen des Volksislam weichen, der – so die Ideologie – den echten Islam durch Idolatrie und Aberglauben verunreinigt hat. Eine Verkörperung der Abweichung vom strikten Monotheismus sind für die Salafisten von jeher Grabmäler, Mausoleen, sogar Moscheen, die verehrten Menschen gewidmet sind. Die Ansar Dine nahmen Timbuktu als »unislamisch« wahr – und sich selbst als Islamisierer.

Das galt auch für die wahhabitischen Ikhwan (»Brüder«), die Beduinenmilizen der Familie Saud, die 1924 in Mekka und Medina tabula rasa machten – allerdings waren diese beiden Städte auch schon zu Beginn des 19. Jahrhunderts einige Jahre in saudischer Hand und Säuberungsziel gewesen. An den heiligen Stätten, an denen der Prophet Muhammad gewirkt hatte, wurde praktisch alles an islamischen Bauten attackiert, was nicht aus der frühislamischen Zeit stammte. Zerstört wurden auch später errichtete Grabstätten des

Propheten, der ersten drei Kalifen und anderer prominenter Muslime.

In der restlichen islamischen Welt rief das damals Bestürzung und Proteste hervor, aber der theologischen Begründung, dass die Durchsetzung des Monotheismus auf Kosten der traditionellen Kulte eine gute Sache sei, wagte man auch nicht völlig zu widersprechen. Abdulaziz Ibn Saud, der ein paar Jahre später den Staat Saudi-Arabien gründete, versuchte in der Folge, die Ikhwan aus der Region Hijaz, wo Mekka und Medina liegen, fernzuhalten und sie insgesamt einzudämmen, denn sie begannen auch, die ihnen besonders verhassten schiitischen Schreine im Irak zu attackieren und dort britische Interessen zu verletzen. Eine Ikhwan-Revolte war die Folge, die Ibn Saud 1930 erst mit britischer Hilfe niederschlagen konnte. Im Hijaz, wo die kosmopolitische osmanisierte Kultur durch die beduinische aus dem Najd im Landesinneren ersetzt wurde, gibt es teilweise bis heute Ressentiments. Auch die neuzeitliche gigantomanische Bautätigkeit in Mekka und Medina wird von Gegnern der Sauds als letzter Schritt der Auslöschung der alten hijazischen Kultur gesehen.

Das Wahhabitentum begann tatsächlich mit einem solchen Akt der Zerstörung: Muhammad Ibn Abdulwahhab, geboren etwa 1703 in Uyayna beim heutigen Riad, kehrte 1740 von seinen Studien in Basra zurück und begann seine puristische Lehre zu verbreiten. Er überzeugte den Ortschef davon, dass das Grabmal eines Prophetengefährten, Zaid Ibn al-Khattab – er war ein Bruder des Kalifen Omar – eingeebnet werden müsse, um dessen Verehrung Einhalt zu gebieten. Dazu setzte er durch, dass die Steinigung von Ehebrechern, von der man abgekommen war, wieder aufgenommen wurde – was einem wichtigen Stammeschef zu viel war, der dafür sorgte, dass Ibn Abdulwahhab den Ort verlassen musste. Er erhielt eine Einladung, sich stattdessen im benachbarten Diriyah niederzulassen: Sie kam von einem gewissen Muhammad Ibn Saud. Gemeinsam begründeten sie den ersten saudischen Staat, das Emirat von Diriyah, das bis 1818 überdauerte. Muhammad Ibn Sauds Sohn Abdulaziz heiratete eine Tochter Ibn Abdulwahhabs. Unter ihm stießen die Wahhabiten 1801 in die schiitischen Städte Kerbala und Najaf vor und attackierten die Schreine der Imame Hussein und Ali.

So begann die Allianz zweier Familien, die bis heute hält. Die eine gibt dem Staat Saudi-Arabien den Namen und die staatliche Struktur, die andere, heute Al Sheikh genannt, dominiert das religiöse Establishment Saudi-Arabiens. Von manchen Bürgern und Bürgerinnen Saudi-Arabiens, die mit ihrem System hadern, wird die Sheikh-Familie für den Ultrakonservativismus verantwortlich gemacht, aus deren Umarmung sich die Saud-Familie endlich befreien müsse, um das Königreich zu reformieren und zu modernisieren.

Der Leitfaden der Salafisten dafür, was religiös erlaubt ist und was nicht, ist im Grunde genommen recht einfach, wenngleich schwer praktikabel: Alles, was der Prophet gekannt und genannt hat, ist gut, alles andere ist eine dogmatisch unerlaubte oder zumindest unerwünschte Neuerung (»Bid'a«). Und nichts soll vom Wesen des islamischen Glaubens ablenken. Ibn Taymiya sagt klar, dass Orte, die durch ihren besonderen Symbolismus – etwa durch ihre Verbindung zum Propheten Muhammad – zur Verehrung einladen, besser neutralisiert werden sollten. Jeder, der nicht dieser Meinung ist, steht auf gefährlichem Boden. Aus radikalisierter salafistischer Sicht – eben jener Al-Qaidas und ähnlicher Gruppen – sind Schiiten mit ihren Imamen und ihrer reichen Symbolik deshalb nichts weniger als Polytheisten. Die vielen Attacken auf schiitische Schreine durch Jihadisten im Irak nach 2003 sind genau in diesem Licht zu sehen. Der Bombenanschlag auf die Al-Askari-Moschee 2006 mit ihrer goldenen Kuppel in Samarra, der dem irakischen Bürgerkrieg den letzten Anstoß gab, hat den gleichen Hintergrund wie Ibn Abdulwahhabs Akt in Uyayna vor mehr als 270 Jahren und die Zerstörungen in Timbuktu im Sommer 2012. Natürlich steht nicht nur der »falsche« Islam, sondern stehen auch andere Religionen im Visier der Fanatiker. Der spektakulärste Akt gegen nicht-islamisches Kulturgut war natürlich die Sprengung der Buddha-Statuen von Bamiyan in Afghanistan durch die Taliban im März 2001. Die offene Verachtung für alle nicht-abrahamitischen Religionen ist Teil der Ideologie. Buddhismus und Hinduismus sind demnach heidnische Kulte.

Die arabische Halbinsel, Irak, Mali sind dramatische Beispiele, ein viel unspektakuläreres Mainstreaming des Islam im salafistischen Geist, die Zerstörung der vielen verschiedenen lokalen islamischen Kulturen, findet seit Jahrzehnten statt. Mit viel Geld – und auch mithilfe von »Gastarbeitern« in Saudi-Arabien, viele davon ägyptische Lehrer, die später wieder in ihre Heimat zurückkehrten – wurde der enggeführte wahhabitische Islam verbreitet. Ein Opfer ist zum Beispiel jene Tradition der Muslime, die Sufi-Orden – dem mystischen Islam mit seiner esoterischen Seite – nahestehen. Die langsame Zurückdrängung der Sufi-Kultur in Ägypten ist dokumentiert. Sie bietet den Salafisten umso mehr Angriffsfläche, als sie gewissermaßen auch das schiitisch-fatimidische Erbe Ägyptens weiterträgt, wie eben die Verehrung des schiitischen Imams Hussein, des Enkels des Propheten Muhammad, oder der Aisha, in diesem Fall natürlich nicht die Frau Muhammads, sondern eine Tochter des schiitischen Imams Jafar al-Sadiq.[15] Bereits 2009 warnte eine später durch Wikileaks an die Öffentlichkeit gelangte Depesche der US-Botschaft in Kairo: »Salafismus in Ägypten im Aufwind«. Als islamische Konkurrenz zu den Muslimbrüdern kamen dem Mubarak-Regime die Salafisten ganz recht. Die Revolution 2011 beschleunigte jedoch den Trend: In den ersten Monaten nach dem Sturz des Mubarak-Regimes wurden im Nildelta viele Sufi-Schreine angegriffen und zerstört. Auch in Libyen nahmen Salafisten ihr destruktives Werk auf. Internationale Schlagzeilen machte das kaum.

Saudi-Arabiens vorsichtiger Weg zur Reform

Saudi-Arabiens 90-jähriger König Abdullah ist, wie die Könige vor ihm, ein Sohn des Staatsgründers Abdulaziz, der 1953 starb. Noch stehen Abdulaziz-Söhne in der Thronfolgerlinie, aber ein Generationswechsel zeichnet sich ab. Zu glauben, dass mit den Jüngeren automatisch Liberale an die Macht kommen werden, wäre eine Vereinfachung. Abdullahs 2012 verstorbener 78-jähriger Kronprinz, Innenminister Nayef, war etwa mit Gewissheit strenger und konservativer als der König selbst. Dennoch – oder gerade deswegen? – gibt es gute Gründe, das eingangs erwähnte »King Abdullah Center« in Wien mit anderen Augen zu sehen, als die Kritiker das tun: Auch auf Saudi-Arabien ist eine differenzierte Sicht möglich und nötig. Die Gegner sehen eine große, flache wahhabitische Wüste ohne Leben. Aber im Königreich gibt es erstens historische Unebenheiten – wie erwähnt, etwa zwischen dem weltoffeneren, früher osmanischen Hijaz und dem geschlosseneren Najd, von dem die wahhabitische Bewegung ausging und dessen Bevölkerung sehr konservativ ist –, und zweitens ist heute viel in Bewegung. Das Bild vom nach Liberalität lechzenden Volk, das von der erzkonservativen oberen Kaste unterdrückt wird, ist schief. Gerade die Elite ist in weiten Teilen kosmopolitisch und liberaler, und das sickert von oben nach unten – langsam.

Der König, nach dem das Dialogzentrum in Wien benannt ist, gilt in diesem System zweifellos als »Reformer«. Abdullah forderte bereits als Kronprinz eine systematische Auseinandersetzung mit gesellschaftlichen Problemen ein und begann 2003 mit landesweiten Dialogkonferenzen zu den Themen Frauen, Erziehung, Jugend, Fremdarbeiter, Wir und die anderen (Religionen), zu denen er einen repräsentativen Querschnitt der Bevölkerung einlud. Er wird von den Ultrakonservativen nicht persönlich angegriffen, aber kulturkämpferische Züge blitzen immer wieder auf: Etwa als im Mai 2014 ein Geistlicher in einer Fatwa, einem Rechtsgutachten, Auslandsreisen für prinzipiell unerwünscht erklärte, und besonders solche in nicht-islamische Länder. Es fällt nicht schwer, einen Bezug zu den staatlichen Programmen herzustellen, die Auslandsaufenthalte von saudi-arabischen Studierenden fördern. Im Frühjahr 2014 begann im Königreich auch eine erstaunlich engagierte öffentliche Kampagne gegen islamischen Radikalismus.

Es ist natürlich besonders ärgerlich, wenn ein Land mit einem System wie dem saudischen in Syrien – aus rein realpolitischen Gründen natürlich – für den Sturz des Regimes eines Landes eintritt, in dem es Freiheiten gab, von denen die Menschen in Saudi-Arabien nur träumen können. Und es ist richtig, dass die Nachjustierung des Systems gemäß den gesellschaftlichen Realitäten – wie etwa der wirtschaftlichen Stärke der Frauen – nur in homöopathischen Dosen erfolgt. Sie sind aber manchen Landsleuten des Königs noch immer fast zu hoch. Von außen wird man der Sache nur gerecht, wenn man Grautöne zulässt: Zu den Lokalwahlen 2015 Frauen zuzulassen, kann man als nichts abtun. Man kann es aber auch als Vermächtnis des alten Königs sehen, der seinen Nachfolgern eine Richtungsänderung vorgibt, die sie nicht ignorieren können. Wenn König Abdullah Frauen in die Schura – sie ist so etwas wie ein nicht gewählter Senat – aufnimmt, dann ist das nicht mehr leicht zu revidieren. Und man sollte die Schura nicht als ohnmächtig abtun, auch wenn sie nur ein ernanntes beratendes Gremium ist. Auch ein saudischer König muss seine Macht stets mit den Spitzen des Establishments verhandeln. Nun kann man auf dem Standpunkt stehen, so ein System gehört abgeschafft, und das möglichst schnell. Gerade die Erfahrungen des Arabischen Frühlings zeigen jedoch, dass abrupte Übergänge schwer zu bewältigen sind. Niemand kann sich eine völlig destabilisierte arabische Halbinsel wünschen, auf der die Menschen schwerlich etwas von ihrer neuen Freiheit hätten.

Bei seinem Besuch bei Papst Benedikt XVI. im Vatikan führte König Abdullah 2007 laut eigener Aussage eines der wichtigsten Gespräche seines Lebens. Joseph Ratzinger war jener Papst, der 2008 in seiner Regensburger Rede die Muslime verärgerte, indem er die Argumente des byzantinischen Kaisers Manuel II. Palaiologos gegen den Islam zitierte. Man mag das Treffen zwischen Joseph Ratzinger und Abdullah als eines zweier Gestriger hinstellen, man kann aber auch glauben, dass am Ende der Begegnung die Einsicht, dass die globalisierte Welt kein Ort für allein seligmachende Wahrheiten ist, etwas stärker war als am Beginn. Die Saudis selbst werden es nicht zugeben, aber das umstrittene Zentrum in Wien hat auch insofern eine starke innersaudische Botschaft – und das ist ganz gewiss keine »wahhabitische«, im Gegenteil. Es könnte in dieser Konfiguration – mit einem Buddhisten und einem Hindu im Vorstand – in Saudi-Arabien gar nicht stehen. Auch das kann man als PR-Trick abtun, als Versuch, im Ausland das »wahre« Gesicht Saudi-Arabiens zu beschönigen. Es kann aber auch ein erster Schritt zum saudischen Eingeständnis sein, dass auch der allerstrengste salafistische Islam in einer gemeinsamen Welt mit anderen Religionen lebt und leben muss, und zwar in gegenseitigem Respekt.

Die Stunde der Saudologen

In der Erbfolge des Königreichs naht der Sprung
in die Generation der Enkel des Staatsgründers

Wer ein Buchkapitel über einen 90-jährigen König und das, was nach ihm kommen könnte, schreibt, riskiert noch mehr als bei anderen aktuellen Themen, dass bei Erscheinen die Realität die Theorie überholt hat. Diese Gefahr nehme ich in diesem Fall jedoch in Kauf: Die Beschreibung des Zustands der Nachfolgeangelegenheiten der Familie Saud im Frühsommer 2014 wird auch dann noch interessant sein, wenn wir wissen, wie es weitergegangen ist.

Das Thema ist deshalb so bedeutsam, weil die Nachfolge von König Abdullah bin Abdulaziz Al Saud in eine Endzeit fällt: Alle saudischen Könige, die nach dem Staatsgründer Abdulaziz, der 1953 starb, auf den Thron kamen, waren Söhne desselben, und diese Reihe geht nun langsam zu Ende. Dass es Söhne auf Jahrzehnte hinaus gab, dafür hatte Ibn Saud, wie er auch genannt wurde, mit einer ganzen Reihe von Gattinnen – und anderen Frauen – gesorgt. Die Angaben weichen voneinander ab, aber an die 50 Söhne werden es schon gewesen sein. Deren Mütter sind, von der Biologie einmal abgesehen, so unwichtig nicht, denn ihre Herkunft und ihre Stellung beim König tragen prinzipiell zur Ausgangsposition der gesamten Nachkommenschaft bei.

Aber auch die mächtigsten Männer werden alt und krank und sterben. König Abdullah, von dem es im Frühjahr 2014 hieß, er könne nur mehr stundenweise arbeiten, verlor

2011 und 2012 zwei seiner (halb-)brüderlichen Kronprinzen, zuerst den bereits lange kranken Verteidigungsminister Sultan bin Abdulaziz und nach ihm Nayef bin Abdulaziz, den strengen Innenminister. Nächster Kronprinz wurde danach Salman bin Abdulaziz (78), der Sultan 2011 als Verteidigungsminister beerbt hatte. Salman und seine beiden verstorbenen Brüder Sultan und Nayef, König Fahd (gestorben 2005) sowie die Brüder Abdulrahman, Turki und Ahmed haben eine gemeinsame Mutter: Hassa al-Sudairi. Sie bildeten die Gruppe der mächtigen »Sudairi-Sieben«. Hätte ich diesen Artikel ein paar Jahre früher geschrieben, hätte ich gesagt, dass der saudische Thron mit hoher Wahrscheinlichkeit einmal auf einen Enkelsohn der Großmutter Sudairi übergehen wird. Das ist zwar noch immer möglich, aber sicher ist es nicht mehr. Das hat auch rein biologische Gründe: Abdullah – dessen Mutter eine Rashid war, die früher den Najd regierten, bis sie von den Sauds besiegt wurden – hat eben länger überlebt als die anderen. Und Kronprinz Salman, ein Sudairi, ist ein stattlicher und weltoffener Mann, dem jedoch eine gewisse geistige Altersschwäche nachgesagt wird.

Unter den am Leben verbliebenen Söhnen von Staatsgründer Abdulaziz galt schon länger eigentlich nur mehr ein weiterer als »papabile«, wenn dieser Ausdruck entliehen werden darf: Prinz Muqrin, mit nur 69 fast jugendlich zu nennen. König Abdullah hat im März 2014 festgelegt, dass er Salman nachfolgen wird, aber dazu später. Zwar gibt es noch andere Brüder, sogar Sudairis, aber sie kommen aus unterschiedlichsten Gründen nicht infrage, etwa Prinz Ahmed (72), von dem es immer hieß, dass er gar nicht am Amt interessiert sei. Ein kluger Mann, denn König-Sein verbessert ja nicht unbedingt die Lebensqualität. Das heißt, nach jetzigem Stand lautet die Abfolge Abdullah – Salman – Muqrin, alle drei mit dem Zusatz »bin Abdulaziz«, Sohn von Abdulaziz.

Der Kronrat und der Kronkronprinz

Wenn keine Abdulaziz-Söhne mehr für den Thron zur Verfügung stehen, wird der Sprung in die Enkelgeneration erfolgen – und die große Frage ist, ob das gelingt, ohne dass das Königreich durch Nachfolgestreitigkeiten geschwächt wird oder sogar daran zugrunde geht. Zur internen Übergangszeit in Saudi-Arabien kommen ja auch die Herausforderungen der Umbrüche, die die arabische Welt seit 2011 erlebt. König Abdullah hatte bereits im Dezember 2007 einen familiären Kronrat unter der Leitung seines Bruders Mishaal eingerichtet, der in Zukunft die Nachfolgefragen regeln sollte. Im Rat sitzen Vertreter der Familie der Söhne Abdulaziz', die Sitze sollen unter den Brüdern eines Zweiges rotieren – außer die anderen Brüder und der König stimmen zu, dass einer länger verbleibt. Interessant ist an der Konstruktion, dass sie auch die schwächeren Zweige wieder ins Spiel bringt, denn die mächtigeren brauchen eine breitere Unterstützung in der Großfamilie, wenn sie einen der Ihren zum Kronprinzen machen wollen. Im Wesentlichen ist es so, dass sich König und Kronrat auf einen Kronprinzen einigen müssen, wenn nicht, dann wird im Rat gewählt.

Für sich selbst und für seinen Kronprinzen – damals noch Sultan – sollten die Kronratsregeln aber noch nicht gelten, hieß es im Dekret Abdullahs, der sich auch noch die Freiheit nahm, die Kronprinzen nach Sultans Ableben im Alleingang zu bestimmen. Im März 2014 machte er aber einen Schritt darüber hinaus: Er ernannte Muqrin bin Abdulaziz zum Kronprinzen des Kronprinzen Salman, zum Vize oder Kronkronprinzen sozusagen. Der Kronrat wurde zumindest konsultiert: In dem Kommuniqué, in dem die Ernennung Muqrins bekanntgegeben wurde, hieß es, dass drei Viertel der Mitglieder dafür gestimmt hätten. Das heißt aber auch, dass ein Viertel dagegen war.

Der Ton des königlichen Dekrets war besonders eindringlich: »Dieser Befehl kann nicht verändert und ersetzt werden.« Immerhin hat König Abdullah damit seinem Kronprinzen Salman das Recht genommen, seinen Nachfolger selbst zu bestimmen, auch wenn betont wurde, dass es sich um beider – Abdullahs und Salmans – Entscheidung handelte. Im Dekret ist auch festgelegt, dass Salman seinerseits in Zukunft nicht ohne Zuziehung des Kronrats einen Vizekronprinzen, also einen Nachfolger Muqrins, ernennen kann.

Wenn man das Ganze positiv interpretieren will, so wollte König Abdullah wohl die Möglichkeit einschränken, dass die Schwäche Salmans von irgendeinem Einflüsterer in der Verwandtschaft ausgenützt werden kann. Aber natürlich bleiben die Spekulationen nicht aus, dass er mit diesem Schritt gleichzeitig seiner eigenen Nachkommenschaft den Thron sichern wollte. Ob das stimmt, wird man wissen, wenn Muqrin einmal seinen Kronprinzen ernennt – oder wenn Abdullah selbst einen neuen »zweiten Vizepremier« bestimmt. Denn das ist die Position, von der aus man traditionell Kronprinz wird. Muqrin bekam sie im Februar 2013. Manche Beobachter wetten nun als nächsten auf König Abdullahs Sohn Miteb (62), andere auf den Sudairi-Enkel Muhammad bin Nayef (55), Sohn des 2012 verstorbenen Kronprinzen und Innenministers. Diese beiden Vertreter der Enkelgeneration liegen nach Einschätzung der »Saudologen« jedenfalls am besten im Rennen (dass die Saudologie keine anerkannte Wissenschaft, sondern gleich neben dem Kaffeesatzlesen angesiedelt ist, wird hier gerne zugegeben.) Der eine ist der Chef der Nationalgarde, der andere – wie sein Vater Nayef vor ihm – Innenminister. Die beiden Superenkel kontrollieren also wichtige Teile der Sicherheitskräfte.

Weitere Positionierungen zugunsten seines eigenen Zweigs nahm König Abdullah im Mai 2014 vor, als er seinen Sohn Turki in eines der wichtigsten Ämter des Königreichs hievte:

Er wurde Gouverneur von Riad. Ein anderer Abdullah-Sohn, Mishaal, war ein paar Monate vorher zum Gouverneur von Mekka ernannt worden. Turkis Beförderung wurde möglich, weil der Gouverneur von Riad, Prinz Khaled bin Bandar bin Abdulaziz, zum Vizeverteidigungsminister von Kronprinz Salman gemacht wurde. Und diesen Job wiederum verlor Prinz Salman bin Sultan, also ein Sohn des verstorbenen Kronprinzen Nummer eins. Man sieht schon: Die Söhne von Sultan sind nur mehr schwach positioniert. Ein anderer, Khalid, der einmal ein heißer Tipp war (und ebenfalls Vizeverteidigungsminister), ist ebenfalls schon draußen. Prinz Khaled bin Bandar stieg nur wenige Wochen später weiter auf: Ende Juni 2014 wurde er neuer Geheimdienstchef, ein Amt, das zuvor Prinz Bandar bin Sultan – zu ihm später – geräumt hatte.

Die Kronkronprinzen-Konstruktion kam zwar überraschend, aber völlig neu ist das Muster nicht: Staatsgründer Abdulaziz selbst hatte es angewandt, als er 1941 seinen Sohn Saud zum Kronprinzen und dessen Bruder Faisal zu Sauds Vertreter bestimmte. Unter Faisal (1975 von einem Neffen ermordet) wurde das System des »zweiten Vizepremier« eingeführt: Sein Kronprinz war Khalid, sein zweiter Vizepremier Fahd. Und so weiter. Sultan, der erste, 2011 verstorbene Kronprinz des jetzigen Königs Abdullah wurde schon 1982 zweiter Vizepremier. Interessant ist, dass Abdullah, nachdem er König wurde, vier Jahre verstreichen ließ, ohne die Position zu besetzen. Erst 2009 ernannte er Nayef, also bereits nachdem er auch den Kronrat kreiert hatte. Im März 2014 erschien ihm dieser Posten für Muqrin, der den Posten wie gesagt im Februar 2013 bekommen hatte, offenbar nicht mehr sicher genug: Er machte ihn zum ersten Kronkronprinzen seit Faisal.

Muqrins Aufstieg war keinesfalls eine ausgemachte Sache. Als er 2012 als Geheimdienstchef von Prinz Bandar bin Sultan abgelöst wurde, galt Muqrin als geschwächt. Zweifel, ob er je ins höchste Amt aufsteigen würde, hingen auch mit seiner

Mutter zusammen, einer, wie man sagt, nicht standesgemäßen Jemenitin. Aber aus der Sicht Abdullahs fällt er vielleicht
deshalb als möglicher Dynastiegründer aus und ist ein guter Platzhalter für den Sohn eines anderen. Muqrin hat einen
guten Ruf, er gilt als integer, gebildet und religiös moderat
(man könnte auch sagen: nicht übermäßig fromm) und sehr
Abdullah-treu. Seine Ausbildung – unter anderem in den USA
und Großbritannien – und Karriere hat er im Militär, bei der
Luftwaffe, gemacht. Er war Gouverneur von Hail und Medina
und lange für die Beziehungen des Königreichs zu Afghanistan und Pakistan verantwortlich.

Die Beziehungen zu den USA

Was wird ein König oder de facto Regent Muqrin, falls Salman nicht regieren kann, für die Beziehungen Riads zu
Washington bedeuten? Das wahhabitische Königreich, für
manche nur ein zurückgebliebenes, obskures Land, ist ja
noch immer eine der wichtigen Stützen der amerikanischen
Sicherheitspolitik am Golf. Washington ist es alles andere als
egal, wer dem Familienunternehmen vorsteht – auch wenn
der Golf und der Nahe Osten insgesamt an Bedeutung für die
USA verlieren, alleine schon wegen der sich verringernden
US-Abhängigkeit von nahöstlichem Öl.

Über Wikileaks sind freundliche Äußerungen Muqrins zu
Präsident Barack Obama bekannt, allerdings aus dem Jahr
2009, als die arabische Welt noch große Hoffnungen in diesen setzte. Von Wikileaks weiß man auch von Muqrins War-
nung, dass sich der »schiitische Halbmond« – das schiitische Siedlungsgebiet im Nahen Osten – in einen Vollmond
wandeln könnte, wenn man den Iranern nicht Einhalt gebie-
tet. Mit dieser Schiitophobie steht Muqrin nicht alleine da.
Für die Saudis, oder zumindest die alte Garde, ist Obamas

Normalisierungspolitik mit dem Iran, die 2014 in Atomver-handlungen neuen Stils mündete, schlicht ein Gräuel. Des-halb war es eher kein Zufall, dass der Akt der Ernennung von Muqrin zum Kronkronprinzen just am Tag der Ankunft Oba-mas zu einem schwierigen Besuch in Riad im März 2014 von-stattenging. Die Vorliebe der Amerikaner für Muhammad bin Nayef war bekannt – er soll in Washington so hofiert wor-den sein, dass man es in Riad fast als dynastische Einmi-schung empfand.

Rund um den Besuch Obamas in Riad war auch das Ge-rücht aufgetaucht, Prinz Bandar bin Sultan, damals nomi-nell noch immer saudischer Geheimdienstchef, würde ins Amt zurückkehren, nachdem er monatelang nicht mehr öf-fentlich aufgetreten war, aus gesundheitlichen Gründen, wie es hieß. Besonders war aufgefallen, dass bei einem Tref-fen mit US-Geheimdiensten zu Jahresbeginn 2014 an sei-ner Stelle der US-Favorit Innenminister Muhammad bin Nayef erschien. Dass nun Bandars Rückkehr plötzlich wie-der im Raum stand, wurde ebenfalls als kleine Gemeinheit Obama gegenüber interpretiert: Prinz Bandar hatte dessen Syrien-Politik lautstark als die eines Schwächlings kritisiert. Und die Amerikaner gaben im Gegenzug Bandar, dem Ver-antwortlichen für die saudische Syrien-Politik, die Schuld dafür, dass in Syrien aus einem Aufstand ein Jihad sunniti-scher Extremisten geworden war, die in der Entfernung des Assad-Regimes nur einen Schritt zur Errichtung eines islami-schen Staats sahen.

Für den Obama-Besuch wurde Bandar noch gehalten, aber einen Monat später war er dann doch auch offiziell weg, per Dekret, auf seinen eigenen Wunsch – wenn diese Formulie-rung fehlt, dann bedeutet das großes Missfallen des Königs – seines Amtes entbunden. Bandar war 1982 bis 2005 sau-discher Botschafter in Washington und trug wegen seiner engen Beziehungen den sprechenden Spitznamen »Bandar

Bush«. 2012 wurde er Geheimdienstchef. Bandar ist zwar der Sohn des verstorbenen Kronprinzen Sultan, allerdings mit einer nicht standesgemäßen Frau, Bandar war schon einige Jahre alt, als seine Mutter und er in den Hofstaat aufgenommen wurden. Dass Bandar zuletzt gesundheitliche Probleme hatte, die zu seinem Rückzug zumindest beitrugen, ist richtig. Aber sein Abgang war mit Sicherheit auch ein Eingeständnis, dass die saudische Syrien-Politik eine Fehlkalkulation war: Sie setzte auf ein relativ rasches Ende des Regimes von Bashar al-Assad, der im Sommer 2014 nicht nur noch im Amt war, sondern sich wieder zum Präsidenten wählen ließ. Aber nicht nur das, die Kollateralschäden des Aufstands – der Strom von Jihadisten nach Syrien und wieder zurück – begannen ab 2013 auch das Königreich zu beunruhigen. Wie in diesem Buch schon erwähnt, erließ König Abdullah Anfang Februar 2014 sogar ein Dekret, das die Teilnahme an einem Jihad im Ausland für saudi-arabische Staatsbürger unter strenge Strafen stellte, und startete im Königreich eine Kampagne gegen Radikalismus im Islam.

Das saudische Syrien-Dossier sollten, so hieß es, nach dem Abgang Prinz Bandars zwei Prinzen übernehmen. Richtig geraten: Mohammed bin Nayef und Miteb bin Abdullah. Der Dritte im Bunde wurde als neuer Geheimdienstchef Prinz Khaled bin Bandar bin Abdelaziz. Prinz Khaled ist nicht nur ein militärischer Profi. Indem ihn König Abdullah in dieses Amt erhob, stärkte er wieder einen anderen Teil der Familie, der ihn dafür in seinen weiteren Nachfolgekonstruktionen unterstützen sollte.

Trotz dieser Umbauten bleiben jedoch die Beziehungen zwischen den USA und Saudi-Arabien weit hinter dem zurück, was sie einmal waren. Die Krise hatte bereits Anfang 2011 begonnen, als Obama relativ rasch den ägyptischen Präsidenten Hosni Mubarak fallen ließ, was König Abdullah erstens als Verrat eines treuen US-Verbündeten seiner eigenen

Kategorie und zweitens als politisch falsch ansah – und nach Mubarak kamen ja dann tatsächlich die in Saudi-Arabien verhassten Muslimbrüder zum Zug. Als die USA 2012 den Muslimbruder-Präsidenten Muhammad Mursi als demokratisch gewählt akzeptierten, setzte sich in Riad die Ansicht durch, die USA würden überall im Nahen Osten gerne Muslimbrüder an der Macht sehen – auch wenn das das Ende der konservativen Monarchien am Golf bedeuten würde.

Der Aufschwung von Al-Qaida-ähnlichen Gruppen im Gefolge des Syrien-Aufstands führte auch dazu, dass Washington gemeinsame Interessen mit Teheran entdeckte: die Eindämmung der sunnitischen Jihadisten. Dazu kam durch die Wahl von Präsident Hassan Rohani im Iran im Juni 2013 die Chance auf eine Einigung im Atomstreit. Saudi-Arabien, das die strategische Aufwertung des Iran zu seinen eigenen Ungunsten befürchtet und sieht, dass es für die USA nicht mehr die gleiche Bedeutung hat wie früher, reagierte darauf mit unverhohlenem Grimm. Die Untätigkeit des UNO-Sicherheitsrates in der Palästina-Frage war nur ein vorgeschobenes Argument, als Saudi-Arabien den nicht-ständigen Sicherheitsratssitz, um den es so gerungen hatte, im Oktober 2013 ablehnte. Wobei diese Argumentation zweifellos auch der Versuch einer öffentlichen Distanzierung von Israel war, mit dem Saudi-Arabien in der Iran-Frage im Gleichklang schwingt.

Ebenso wenig war Saudi-Arabien glücklich, als Washington und Moskau 2013 an einem Strang zu ziehen begannen, um den Weg zu einer diplomatischen Lösung in Syrien auszuloten: Eine diplomatische Lösung ist ja stets etwas anderes als eine maximalistische Lösung, nach der sich sozusagen die Erde auftun und Assad verschlucken müsste – was den iranischen Einfluss in Syrien brechen und im Libanon zumindest schwächen würde. Eine Chance, dass der diplomatische Prozess zu Ende sein würde, bevor er begonnen hat, ergab sich, als das syrische Regime im Sommer 2013 mutmaßlich Chemiewaffen einsetzte und sich ein amerikanischer Militärschlag abzeichnete. Aber eine sehr geschickte russische Diplomatie sorgte dafür, dass Assad auf seine Chemiewaffen verzichtete und dadurch absurderweise fast so etwas wie einen Legitimationsschub bekam. Die Absage des Militärschlags gegen Syrien, der natürlich der Opposition zugutegekommen wäre, haben die Saudis Obama nicht verziehen. Die amerikanisch-saudische Allianz, die jahrzehntelang entscheidender Faktor der Sicherheitsarchitektur im Nahen Osten war, wird zwar noch weiter bestehen, aber sie wird schwächer.

Mu'amara: Die Verschwörung

Nirgends anders ist das Gefühl, Spielball von
fremden Mächten zu sein, so stark ausgeprägt
wie im Nahen Osten

Verschwörungstheorien gibt es überall auf der Welt – aber nirgends, will mir scheinen, begegnen sie einem in einer solchen Massivität wie im Nahen Osten. Es gibt die kleinen und die großen Verschwörungen: Fast immer, wenn die Verhältnisse nicht ganz klar sind – oder auch, wenn sie so klar sind, dass es zu sehr schmerzt –, dann kommt von irgendeiner Seite die Erklärung, wie es denn wirklich gewesen sei, oder zumindest sehr, sehr wahrscheinlich. Ein gutes Beispiel für die »kleine Verschwörung« begegnete mir erst jüngst, nachdem ich einen Kommentar über die 529 Todesurteile geschrieben hatte, die ein ägyptischer Richter im März 2014 nach nur zwei Verhandlungstagen gegen Muslimbrüder und ihre Anhänger gefällt hatte. Ein übereifriger Richter, der den Willen der ägyptischen Behörden zur Ausmerzung der Muslimbruderschaft demonstrieren will? O nein, erklärte mir ein Ägypter und Muslimbruder-Gegner, ganz im Gegenteil: Der Richter sei ein Muslimbruder oder zumindest ein starker Sympathisant. Jeder wisse, dass dieses Urteil aufgehoben werden würde, die meisten der Angeklagten waren noch dazu in absentia verurteilt worden. Der Richter wisse, dass die Todesurteile sinnlos seien, er habe nur dem Ansehen Ägyptens in der Welt schaden wollen. Konnte ich beweisen, dass der Richter kein Muslimbruder war? Nein, konnte ich nicht. Also war er einer.

Die Verschwörungstheorien rund um die Muslimbrüder in Ägypten

In den allermeisten Fällen kommt die Verschwörung jedoch von außen. Das wichtigste Beispiel für eine »große« Verschwörungstheorie aus der jüngsten Vergangenheit hat ebenfalls mit den Muslimbrüdern zu tun, und sie geht so: Die USA hätten nach – oder sogar vor – den Revolten in der arabischen Welt beschlossen, dass überall von Muslimbrüdern geführte Regierungen an die Macht kommen sollten. Es gibt zwei Varianten dieser großen Verschwörung: Die maximalistische besagt, dass die USA die Revolutionen mit der bereits genannten Absicht selbst lostraten, das heißt, die arabischen Umstürze 2011 waren ein US-Komplott. Niemand Geringerer als Tawadros II., seit 2012 koptischer Papst in Ägypten, ein Anhänger der Meinung, dass der arabische Frühling eine Erfindung des Westens sei. In einem Interview mit dem kuwaitischen TV-Kanal al-Watan sagte er, »der arabische Winter« sei »mit dem westlichen Ziel, die arabischen Staaten in kleine Stücke zu zerschlagen« eingeleitet worden. Von General Sisi verspricht sich der Koptenpapst offenbar den Sommer.

Das pragmatischere Narrativ lautet, dass die USA angesichts der drohenden Destabilisierung der Region durch die Revolten beschlossen, dass die gestürzten oder wackelnden autokratischen säkularen Regime durch Muslimbrüder ersetzt werden sollten. Sie hätten sich davon Regierungen wie die der Ak-Partei in der Türkei versprochen, islamisch, stabil und trotz fallweiser rhetorischer Ausritte ein verlässlicher Partner des Westens (wobei Recep Tayyib Erdogan bekanntlich immer erratischer wird ...). Wenn »moderate« Islamisten – oder das, was die aus der Sicht der Verschwörungstheoretiker naiven USA für moderat hielten – »demokratisch« an die Macht kämen und auf ihre islamische Legitimation verweisen könnten, würde das den Sumpf austrocknen, aus dem die radikalen Islamisten ihre Anhänger rekrutieren. Muslimbrüder-Regierungen würden dem Extremismus den Boden abgraben. Und die Muslimbrüder würden ihrerseits einsehen müssen, dass die USA keine antiislamische Agenda hätten, und würden brav kooperieren.

Rund um den Sturz des Muslimbruder-Präsidenten Muhammad Mursi im Juli 2013 wurde diese Verschwörungstheorie nicht nur hörbar, sondern auch sichtbar. Viele der Demonstranten, die am 30. Juni für den Abgang Mursis demonstrierten, hatten auch eine andere Person im Visier: »Hau ab, Haysabun!« Letzteres bezeichnet ein hässliches altes Weib, eine Hexe – gemeint war die US-Botschafterin Anne Patterson, die sich auch auf Plakaten wiederfand, gemeinsam mit dem verhassten Mursi. Die Meinung, dass die USA die Muslimbrüder unbedingt an der Macht halten wollten und deshalb gegen den von General Abdulfattah al-Sisi geführten Umsturz waren, war so verbreitet, dass sich das State Department in Washington zu einer Erklärung veranlasst sah: »Wir weisen die unbegründete und falsche Behauptung mancher in Ägypten zurück, dass die USA die ägyptischen Muslimbrüder (...) unterstützen.« Genützt hat es, zumindest was die vox populi betrifft, wenig.

Nota bene, das war keine Meinung von ein paar ägyptischen Anhängern des Ancien Régime, die diese Theorie für ihre revisionistischen Pläne benötigten. Nicht wenige Bürger anderer arabischer Länder glauben sie ebenfalls – und darunter auch solche, die in Staatskanzleien sitzen. In Saudi-Arabien war man von der vermeintlichen Nähe der US-Administration zu den Muslimbrüdern, die als zersetzende Kraft und tödliche Gefahr für die stabilen salafistischen arabischen Monarchien wahrgenommen werden, völlig überzeugt. Umso näher steht jetzt Saudi-Arabien der neuen ägyptischen Führung von Abdulfattah al-Sisi. Es ist fast überflüssig zu sagen, dass auch eine Gegen-Verschwörungstheorie der anderen Seite im Umlauf ist: Die islamfeindlichen USA hätten mit den ägyptischen Generälen gepackelt, um die Muslimbrüder im Sommer 2013 zu stürzen und wieder säkulare antiislamische Kräfte an die Macht zu bringen.

Wie dem auch sei, Botschafterin Patterson spielte bei der »Verschwörung gegen das ägyptische Volk« eine Schlüsselrolle. Im Internet konnte man lesen, dass die amerikanische Missionschefin den Muslimbrüdern grünes Licht gegeben habe, das Hauptquartier der Republikanischen Garden anzugreifen (das war fünf Tage nach dem Sturz Mursis), wobei mehr als 50 Muslimbrüder getötet wurden: Das sollte ihnen eine bessere Verhandlungsbasis verschaffen beziehungsweise überhaupt die Rückkehr an die Macht ermöglichen. Hat nicht geklappt.

Patterson kann man vorwerfen, dass sie den Bogen mit einer Rede überspannte, in der sie die Tamarrud-Bewegung, welche die Gegner Mursis in den Wochen vor dessen Sturz auf den Straßen mobilisierte, scharf kritisierte und kein Verständnis für deren – teilweise völlig legitime – Argumente gegen Mursi zeigte. Auch den Vorwurf, Mursi sei in seiner einjährigen Amtszeit von den USA sozusagen mit Glacéhandschuhen angefasst worden, während der im ersten Jahr nach dem Mubarak-Sturz regierende Militärrat oft kritisiert wurde, kann man gelten lassen: Allerdings würde die US-Diplomatie so argumentieren, dass es sich bei Mursi eben um einen gewählten Präsidenten – den ersten regulär gewählten Präsidenten Ägyptens – gehandelt habe. Für viele Ägypter stellte es sich jedoch so dar, als sei es den USA recht, wenn anstelle eines Mubarak- ein Muslimbrüder-Regime herrscht, solange die strategischen Interessen Washingtons davon nicht berührt sind. Da ist, wie so oft, der Gedanke des »Verrats« enthalten: Die USA verraten die Demokraten der arabischen Länder, indem sie ihnen zumuten, unter Regierenden zu leben, die letztlich doch eine islamische Herrschaft anstreben.

Und das, obwohl sie, die USA, immer die Demokratie predigen.

Und daher kommt ja das ganze US-Dilemma: Jahrzehntelang klammerte die Interessenspolitik Washingtons die inneren Angelegenheiten ihrer arabischen Partner völlig aus. Das klassische Beispiel ist Saudi-Arabien, der wichtige strategische Verbündete: Die Förderung von Extremismus, die vom Königreich ausging, war uninteressant, solange nicht die USA selbst betroffen waren. Das änderte sich schlagartig mit 9/11, die Einsicht, dass die Folgen von Repression und Mangel an Demokratie im Nahen Osten ein geopolitisches Problem sind, war angekommen. Danach wurde, um nach Ägypten zurückzukehren, etwa versucht, die Finanzhilfe an Kairo als Druckmittel zu benützen, um das innenpolitische Verhalten zu beeinflussen. Damit werden die USA aber im Umkehrschluss zum Komplizen, wenn sie sich, so wie bei Mursi, nicht einmischen, wenn der Zug in die falsche Richtung fährt.

Erklärungsmuster für unsichtbare Bedrohungen

Für viele Menschen in der Region ist es unvorstellbar, dass die USA oft gar keinen Masterplan haben, sondern selbst mit der Ausrichtung ihrer Politik ringen. Wo Unklarheit herrscht, werden die verborgenen Gründe für dies und das gesucht – und gefunden. Drei Jahre nach den Revolutionen, die im Namen der Würde und der Selbstbestimmtheit geführt wurden, ist es ein trauriger Befund, dass sich insofern im Nahen Osten nichts geändert hat: Eigentlich sollte doch die Zeit anbrechen, in der »Verschwörungen« von außen als Erklärungsmuster für die eigene Lage ausgedient haben. Das ist nicht geschehen, im Gegenteil. Das Misstrauen ist größer denn je, auf einer politischen Metaebene – und im alltäglichen Leben.

Das bekamen etwa der slowenische Botschafter in Kairo und sein Fahrer zu spüren, die im Herbst 2011 im Stadtteil Shubra attackiert wurden, und zwar von »ganz normalen« Bewohnern. Sie hielten den Diplomaten für einen »Spion«, weil er im sehr armen Viertel fotografierte, unter anderem Kinder. Dutzende Menschen gingen daraufhin auf ihn los und verprügelten ihn. Seit der Revolution im Januar 2011 grassiere in Ägypten »eine Art Xenophobie«, hieß es in ägyptischen Medien erklärend. Wenn man diesen Begriff wörtlich übersetzt, nämlich nicht als Fremdenfeindlichkeit, sondern die »Angst« hervorhebt, dann trifft er wahrscheinlich auf die Leute in Shubra, die den Botschafter attackierten, zu. Aber Angst vor wem genau? Wer schickt die »Spione« und zu welchem Zweck?

Auf die Frage, woher diese unbestimmte Bedrohung kommt, wird man sehr oft als Antwort »Freimaurer« hören. In einem Interview mit dem »Standard« sagte der Rapper El Général, der mit seinem Song »Rais Lebled« zu einer Ikone der tunesischen Revolution wurde (in ihm klagte er Präsident Ben Ali an, dass er sein Volk zugrunde gehen lasse), genau das. Auf die Frage, was nun, nach der erfolgreichen Revolution, als nächstes zu tun sei, antwortete er: gegen die Freimaurer kämpfen. Wie bitte? Behaupten nicht wiederum die anderen, gerade diese Freimaurer hätten die von El Général betriebene Revolution eigentlich gestartet? Diese imaginierte Gruppe steht hinter der Revolution, der Gegenrevolution, der Gewalt und der schlechten Wirtschaftslage – kurz: hinter allem. Der Kontext ist, so wie auch im Westen, sehr oft ein antisemitischer, oder zumindest ein antizionistischer. Die Schublade der kolonialen und postkolonialen Verschwörungstheorien, zu denen auch die Kreation Israels gehört, ist noch lange nicht geschlossen. Die Menschen fühlen sich auch nach 2011 noch immer von »außerhalb« bestimmt. Die inneren Akteure werden oft als Marionetten wahrgenommen, genauso wie in den Jahrzehnten zuvor.

Die externen Strippenzieher

Besonders stark ist das in Ländern, wo Eingreifen von außen jahrzehntelange Realität war, und das sind ja nicht so wenige: Die Geschichte des Irak etwa ist voll von Episoden, bei denen sich die äußeren Akteure als so mächtig darstellen, dass in der Vorstellung der Iraker am Ende nur mehr der große Puppenspieler von außen übrig bleibt – auch wenn der irakische Anteil an der Geschichte groß ist. Es beginnt bei der Gründung des irakischen Nationalstaats nach dem Ersten Weltkrieg, dem Zusammenfügen dreier osmanischer Provinzen und der Installation eines von der arabischen Halbinsel importierten Königs, alles durch die Briten (aber ein Projekt, das von irakischen Nationalisten durchaus unterstützt wurde). Es geht so weiter: Der Mann, der 1958 die antimonarchistische und antibritische Revolution gemacht hatte, General Qassim, wurde 1963 durch einen Putsch beseitigt, an dem laut Aussage von niemand Geringerem als dem 1999 verstorbenen jordanischen König Hussein die CIA beteiligt war: Die USA wollten die Machtübernahme der antikommunistischen Baath-Partei. Washington kam auch Saddam Hussein zu Hilfe, als dieser in den 1980er Jahren im Krieg gegen die Islamische Republik Iran zu verlieren drohte. Und 1991: Wäre es nicht ein Leichtes für die USA gewesen, nach dem Golfkrieg nach Bagdad zu marschieren und Saddam Hussein zu stürzen? Sie taten das nicht, sondern erlaubten Saddam sogar, die 1991 im Norden und im Süden ausgebrochenen Aufstände niederzuschlagen, nachdem sie zuvor per Flugzettel zur Revolte aufgerufen hatten. Als ich in den 1990ern regelmäßig nach Bagdad fuhr, hörte ich immer wieder von den Attentatsplänen gegen Saddam, die angeblich von den USA vereitelt wurden (wobei daran stimmt, dass Präsident Bill Clinton in den 1990er Jahren einen im kurdischen Norden vorbereiteten Putschplan abbrach und Hunderte Oppositionelle im Regen stehen ließ).

Wie kann man den Irakern verdenken, dass sie auch nach 2003 nicht glauben wollten, was sie sahen. Vieles mutete zu absurd an, um absichtslos zu sein: etwa die katastrophale Entscheidung der US-Verwaltung, die irakische Armee aufzulösen, ein Schritt gegen jede elementare Vernunft, der den Grundstein für den späteren Bürgerkrieg legte. Jahre später entzieht sich noch immer der tiefere Sinn dieses Handelns: Die Antwort ist natürlich, es gab keinen, außer eklatanter Unfähigkeit. Für viele Iraker und auch andere Araber stellte es sich anders dar: eine Verschwörung, den Irak nach der Eroberung zu schwächen und möglichst zu zerschlagen, damit Israel nie mehr so einen mächtigen Feind bekomme.

Der deutsche, syrisch-stämmige Soziologe Bassam Tibi widmete 1993 dem Thema Verschwörung ein ganzes Buch.[16] Darin führt er, wie andere Nahostexperten auch, die Anfälligkeit für Verschwörungstheorien in der arabischen Welt auf den Anlassfall von 1915/1916 zurück, als die Briten den Scherifen von Mekka, Hussein bin Ali, einen Aufstand gegen die Osmanen beginnen ließen und arabische Truppen beim Krieg gegen die Osmanen in Palästina und Syrien einsetzten. Den Arabern wurde für ihre Kooperation die anschließende Unabhängigkeit versprochen. Parallel dazu teilten sich Briten und Franzosen den Nahen Osten bereits 1916 im Sykes-Picot-Abkommen auf und leiteten in der Balfour-Erklärung die Errichtung einer jüdischen Heimstätte in Palästina ein. Bei aller Intrigenkunst der Briten – die in Wahrheit oft nichts anderes war als ein Wettbewerb verschiedener Institutionen oder auch deren Unfähigkeit, miteinander zu kommunizieren – war die Geschichte des Ersten Weltkriegs im Nahen Osten natürlich viel komplizierter als das: Der Scherif von Mekka etwa war, als er sich gegen die Osmanen stellte, bereits in akuter Gefahr, von diesen fallengelassen zu werden – und er hielt sich die Möglichkeit einer Verständigung mit ihnen stets offen (was die Briten auch wussten).

Aber es stimmt schon, sehr oft war der Nahe Osten Austragungsort von Auseinandersetzungen, die eigentlich woanders hingehörten. Das wichtigste Beispiel ist der Kalte Krieg, aber es gibt viele andere: etwa der Kampf der »Freien Franzosen« mit britischer Unterstützung während des Zweiten Weltkrieg gegen das Syrien kontrollierende Vichy-Regime. Für die syrischen Nationalisten gab es für Kooperation das Versprechen der Unabhängigkeit (wobei die Briten die Franzosen und alle beide die Araber täuschten). Auch bei der britischen Unterstützung der Zionisten während des Ersten Weltkriegs ging es – mit Ausnahme einzelner Figuren der britischen Politik – ja nicht unbedingt um Sympathien für die zionistische Bewegung, sondern darum, die als deutschfreundlich und mit den Jungtürken als unter einer Decke steckend geltenden Juden auf die andere Seite zu ziehen. Was, weil auf dieser Seite auch Russland mit seiner Judenfeindlichkeit stand, gar nicht so leicht war. Und so weiter.

Jedenfalls überwiegt, seit die Osmanen von den Mandatsmächten und diese dann wieder von postkolonialen diktatorischen Regimen abgelöst wurden, im Nahen Osten offenbar das Gefühl, das eigene Schicksal nicht in der Hand zu haben, immer und überall ein Spielball fremder Mächte zu sein. Und diese fremden Mächte spielen mit verdeckten Karten, das heißt, alles was sie tun, hat noch eine andere, versteckte Bedeutung, einen Masterplan: Die USA sagen »Demokratie« und meinen »Muslimbrüder« und wollen sich wieder ihre eigenen Schurken schaffen. Die Mu'amara ist der psychopathologische Zustand einer ganzen Region.

Die Träume des Abdulfattah al-Sisi

Der neue ägyptische Präsident genießt eine kultartige
Verehrung – und steht ihr nicht völlig immun gegenüber

97 Prozent bei den Präsidentschaftswahlen für einen Mann des Militärs: Mit Feldmarschall Abdulfattah al-Sisi – dieser Ende 2013 verliehene Titel bleibt ihm – scheint in Ägypten erst einmal wieder alles beim Alten zu sein. Eine kleine Neuigkeit am Rande ist, dass Interimspräsident Adli Mansur, von Sisi im Juli 2013 interimistisch eingesetzt, der erste Präsident Ägyptens ist, der sein Amt wieder lebendig und freiwillig verlässt, nicht abgesetzt (wie Muhammad Naguib, Hosni Mubarak und Muhammad Mursi), nicht ermordet (wie Anwar al-Sadat), nicht im Amt verstorben (wie Gamal Abdul Nasser).[17] Vielleicht ist das ja ein gutes Omen.

Bei einer – gemessen an Sisis Anspruch – schlechten Wahlbeteiligung von behördlich verkündeten 47,5 Prozent wurde Sisi mit knapp 24 Millionen Stimmen gewählt, das sind gute 10 Millionen mehr als der Muslimbruder Muhammad Mursi bei der Präsidentschaftswahl im Juni 2012 bekam, wobei die Wahlbeteiligung mit 52 Prozent etwas höher war. Das heißt, es ist ein etwas zwiespältiges Resultat: Sisi hat die Wahlen haushoch gewonnen, aber das überwältigende Volksmandat, das ihm eine Mehrheit der ägyptischen Wahlberechtigten erteilen sollte, ist ausgeblieben. Und das ist kein Sophismus: Er selbst hatte sich die Latte ja so hoch gelegt, als er vor dem Urnengang eine Wahlbeteiligung von 80 Prozent als realistisch bezeichnete.

Sei es, wie es sei, es stimmt auf alle Fälle, dass das ägyptische Wahlvolk innerhalb von knapp zwei Jahren eine äußerst scharfe Kehrtwende von Mursi zu Sisi hingelegt hat. Was in dieser Zeit passiert ist, das hat Abdulfattah al-Sisi – damals der von Mursi eingesetzte Armeechef – nach eigener Erzählung dem Muslimbruder-Präsidenten bereits im Frühjahr 2013 so gesagt: Ihr seid gescheitert, ihr habt es in einem halben Jahr geschafft, dass euch die Ägypter genauso hassen wie vorher das Mubarak-Regime. Sisis wiederholt vorgebrachte Behauptung, dass es »alle« Ägypter seien, die die Muslimbrüder hassen, ist natürlich anfechtbar. Aber der zukünftige Präsident hatte schon recht, als er in einem Interview sagte, dass der gegen die Muslimbrüder gerichtete Vernichtungswille, der im Moment jede Versöhnung der Lager ausschließt, nicht nur von ihm kommt, sondern auch von der Straße. Durch ihre Unfähigkeit und ihren Willen zur absoluten Macht haben die Muslimbrüder den Kredit verspielt, den sie nach dem Mubarak-Sturz unzweifelhaft hatten und den sie als einzige gut organisierte Gruppe mit den entsprechenden Mobilisierungsmöglichkeiten bei den Wahlen auch zu nutzen verstanden. Vom einstigen guten Ruf der Saubermänner und Demokratieverteidiger, als die sie im ägyptischen Parlament in den 2000er Jahren als Unabhängige recht glaubwürdig agierten, ist nichts mehr übrig.

Die Machtträume des Generals

Die Heilserwartungen im Land, das drei Jahre nach der Revolution an fast allen Parametern gemessen schlechter dasteht als vor ihr, konzentrieren sich nun auf Sisi. Unter seinen Anhängern und Anhängerinnen – hier die Frauen auszulassen, wäre schwer irreführend, sie sind seine Hausmacht – genießt Sisi, der im November 60 Jahre alt wird, eine kultartige Verehrung, der er im kurzen Wahlkampf immerhin mit nüchternem Pragmatismus zu begegnen versuchte. Völlig immun ist er jedoch nicht, die Sisi-Hysterie korrespondiert wohl doch mit seiner Selbstsicht: In einem geleakten Segment eines unveröffentlichten Interviews sprach er von seinen Träumen, in denen er bereits Jahrzehnte früher die Vision seiner Größe und seines Aufstiegs gehabt habe: So habe er ein Schwert in Händen gehalten, auf dem in roten Lettern »Es gibt keinen Gott außer Allah« geschrieben stand. In einem anderen Traum habe er mit Präsident Anwar al-Sadat gesprochen, der zu ihm gesagt habe: »Ich wusste immer, dass ich Präsident werde.« Und Sisi habe geantwortet: »Auch ich weiß, dass ich Präsident werde.« Und einmal trug er im Traum eine Omega-Armbanduhr mit einem grünen Stern, und als er danach gefragt wurde, sagte er: »Das ist wegen meines Namens Abdulfattah, zwischen mir und Omega ist das Universum.« (Fattah ist ein Beiname Gottes, »der Öffner«, und Abdulfattah bedeutet »Knecht des Öffners«.)

Einer, der so etwas träumt und auch noch erzählt, glaubt schon sehr an sich – und seine gottgegebene Autorität, die er in seinem ersten großen Fernseh-Interview zu Wahlkampfbeginn auch einige Male deutlich ausspielte. Obwohl die beiden Journalisten wirklich devot genug waren, wurde Sisi herrisch, wenn sie anders fragten, als er es erwartete. Da sprach der General. Aber als sie ihn auf den ständig angestellten Vergleich mit Gamal Abdul Nasser, Präsident von 1954 bis 1970, ansprachen, reagierte er nicht etwa mit einer Zurückweisung dieses Unsinns, sondern erging sich mit einem träumerischen Lächeln im Gedanken, wie schön es wäre, wenn er wie Nasser in die Herzen der Ägypter eingegraben wäre.

Ein Reuters-Interview Mitte Mai fiel deutlich professioneller aus. Darin äußerte Sisi sogar Verständnis für die Haltung der USA, die den Sturz des gewählten Mursi im Sommer 2013 mit der teilweisen Kürzung von Militärhilfen beantwortet hatten. Aber der Westen müsse eben auch Ägypten verstehen, sagte er.

Was heute die Hauptmotivation für die Wähler und Wählerinnen sein dürfte, ist der Wunsch nach der Rückkehr in geordnete Bahnen. Alle haben es so satt, dass das schwierige Leben in Ägypten in den vergangenen drei Jahren noch viel schwieriger – und vor allem viel unsicherer – geworden ist. Sisi macht in Interviews übrigens auch gar kein Hehl daraus, dass er keinen Zauberstab besitzt, um die Probleme zu lösen, sondern dass es eine langwierige und sehr schwierige Aufgabe sein wird, das Land zu sanieren und sich aus der Abhängigkeit der aus den Golfländern kommenden finanziellen Hilfe zu befreien, ohne die Ägypten heute nicht überleben könnte. Immer wieder bittet Sisi die Ägypter um Geduld, wir werden sehen, ob sie die aufbringen.

Im Wahlkampf wurde aus dem »stillen General« und »Godot von Ägypten« ein Mann, der viel redet – wenngleich nur in Interviews, er stellte sich keinen Diskussionen. Ein bisschen Sphinx bleibt er jedoch noch immer. Sein Programm für die Zukunft bleibt bisher vage. Zu seinen Plänen gehört etwa die Streichung von staatlichen Stützungen (besonders für Strom und Benzin), die, so sagt er, auch Leuten zugutekämen, die sie gar nicht bräuchten. Die ersten massiven Preiserhöhungen fanden Anfang Juli 2014 allerdings erst einmal statt, ohne dass gleichzeitig ein Ausgleichsmodell für die Armen präsentiert wurde. Der Vergleich, den Sisi in einer erklärenden Rede zog, war für einen Militär typisch: Die Ägypter müssten wie im Oktoberkrieg von 1973 Opfer bringen, um ihre Würde wiederzuerlangen. Dazu hätten sie ihn schließlich gewählt. Auch die Armee spielt in seiner Strategie für den Aufschwung Ägyptens eine Rolle, sie soll mit Infrastrukturprojekten die Wirtschaft antreiben. Dass der militärische Sektor dadurch noch reicher und noch mächtiger wird, macht Sisi keine Sorgen. Es sei auch nicht richtig, dass, wie stets behauptet, bis zu

40 Prozent der ägyptischen Industrie von der Armee besessen und kontrolliert würden: »Höchstens zwei Prozent«, sagt Sisi. Man fragt sich, ob er diese Zahl selbst glaubt.

Obwohl sich seine Präsidentschaftskandidatur nach dem Umsturz im Sommer 2013 bald abzeichnete, ließ Sisi seine Adoranten mit der offiziellen Entscheidung lange warten. Es gibt auch Anhänger, die meinen, der Schritt an die Staatsspitze sei ein schwerer Fehler Sisis: Als Armeechef hätte er mehr Macht gehabt, und als Präsident Ägyptens müsse angesichts der Probleme ja ein jeder scheitern; zumindest mache er sich angreifbar, wenn er die Verantwortung für das tägliche Leben von Ägyptern und Ägypterinnen übernehme. Denn das ist anders als früher: Die Menschen werden ihn daran messen, ob er liefert. Der Lack könnte also bald ab sein. Sisis Linie dazu war immer, sich dem »Ruf« des Volkes eben nicht verschließen zu können, er werde gebraucht. Auch die Zustimmung beim Referendum über die von ihm geordnete Verfassung im Dezember 2013 nahm er als ganz persönliche Zustimmung zu seiner Person. Insofern muss die mangelnde Begeisterung der Ägypter für die Präsidentschaftswahlen, die mäßige Wahlbeteiligung, ein Realitätsschub für ihn gewesen sein.

Sisis langes Abwarten vor der Kandidatur hatte wohl praktische Gründe: Er wollte so lange wie möglich Armeechef bleiben, und er musste seine Nachfolge in der Armee in seinem Sinn regeln. Es ist wichtig festzuhalten, dass Präsident Sisi laut neuer Verfassung selbst nicht den Verteidigungsminister bestimmen können wird: Dieses Recht bleibt einstweilen bei der Armee, der er nicht mehr vorsteht. Dass alles so besetzt ist, wie er will, ist demnach für ihn von großer Bedeutung. Sein Nachfolger als Armeechef wurde, wie erwartet, General Sidqi Sobhi. Nicht ganz erwartet war jedoch worden, dass Sisi dafür sorgte, dass sein eigener Schwippschwager Mahmud Hegazi – seine Tochter ist mit einem Sohn Sisis verheiratet – zum Generalstabschef aufstieg.

Die Armee als Heimat

Apropos Familie: Mit Präsident Sisi bekommt Ägypten auch wieder eine First Lady, die ihr Haar mit einem Kopftuch bedeckt – wie die Gattin Mursis. Allerdings ist es nicht wahr, was nach dem Putsch im Sommer 2013 verbreitet wurde, nämlich dass sie einen Niqab (Gesichtsschleier) trägt oder einmal trug. Sisi ist ebenso religiös – und hier gleicht er mehr Sadat als Nasser – wie ablehnend einem islamischen Staat gegenüber: Und in diesem Punkt ist er zweifellos tatsächlich ein Vertreter einer breiten ägyptischen Mehrheit, die den Muslimbrüdern vorwirft, dem Islam durch eine politische Agenda geschadet zu haben. Sisis Abschlussarbeit am US Army War College 2006 war übrigens dem Thema Islam und Regierung gewidmet, und in seinem Regierungsmodell spielte der Islam überraschenderweise eine ziemlich große Rolle. In »Foreign Affairs« meinte im Sommer 2013 Robert Springborg, Professor an der Naval Postgraduate School in Monterrey, dazu gar, dass Sisi ein ägyptischer Zia ul-Haq werden könnte – General und Islamisierer.[18] Das ist gewiss nicht der Fall, aber dass Mursis Wahl auf Sisi fiel, als er im August 2012 die Spitze des Militärrats entmachtete, wird schon auch mit dessen Frömmigkeit zu tun gehabt haben. Manchen galt er damals als Krypto-Muslimbruder in der Armee.

Sisi ist Vater von drei Söhnen und einer Tochter, sein eigener Vater wird von Bekannten als sehr charismatisch bezeichnet. Die Verhältnisse waren einfach, in die Militärakademie kam Sisi zu einer Zeit, als die Kriegsperiode mit Israel zu Ende ging – in diesem Sinn verkörpert er auch eine neue Militärgeneration –, 1977 schloss er sie ab. 1987 und 1992 absolvierte er Generalstabslehrgänge in Großbritannien, 2006 den Kurs in »Strategische Studien« am War College in Carlisle in den USA. 2008 wurde er Kommandant des Armeebereichs Nord mit Sitz in Alexandria. Er war auch zwei

Jahre lang ägyptischer Militärattaché in Saudi-Arabien, wo er gute Beziehungen zum jetzigen Vizekronprinzen Muqrin bin Abdulaziz aufgebaut haben soll. Als nach der Revolution von 2011 der Militärrat unter Hussein Tantawi die Macht übernahm, stieg Sisi mit seinen 57 Jahren als jüngstes Mitglied in das Gremium auf. Kurze Zeit später wurde er Militärgeheimdienstchef und folgte im August 2012, von Mursi ernannt, dem entlassenen Tantawi nach. Über den privaten Sisi weiß man nicht viel. Sein Sohn Hassan musste in einem Wahlkampf-Interview als Beleg für die Sauberkeit seines Vaters herhalten: Hassan sei bei der Prüfung in den diplomatischen Dienst durchgefallen, und er habe als Vater nicht interveniert.

Tat sich der Westen schon schwer, den von Sisi getragenen »Volksputsch« im Sommer 2013 zu akzeptieren, der tatsächlich von einer breiten gesellschaftlichen Schicht getragen war – vom linksliberalen Mohamed ElBaradei bis zum koptischen Papst hatten sie alle hinter Sisi Aufstellung genommen –, so machte es einem die neue Führung danach auch nicht gerade leicht: Das gewalttätige Niederschlagen der Muslimbruder-Proteste und die absurde Strenge der ägyptischen Justiz, die die Todesurteile nur so hageln lässt, wird ergänzt durch ein Vorgehen gegen Dissens auch aus jeder anderen Richtung, nicht nur aus der islamistischen. Viele der wichtigsten Kräfte der Zivilgesellschaft, die 2011 die Revolution trugen, sind heute in Schwierigkeiten mit der Justiz, manche sogar eingesperrt. Wer ohne Erlaubnis demonstriert, riskiert schwere Strafen. Manche sprechen bereits von Sisis »Republic of Fear«, eine Anleihe an den Titel eines Irak-Buches von 1989: Dieser Vergleich ist unmäßig, aber von den großen Freiheiten, die die ägyptische Verfassung verspricht, ist noch nichts zu sehen.

Auch bei den westlichen Nachbarn in Nordafrika hat Sisi schon für Aufruhr gesorgt: In einem Vortrag vor Universitätspersonal in Kairo soll er gesagt haben, dass die ägyptische Armee fähig sei, »Algerien in drei Tagen zu erobern«. Ein Aufschrei in Algier war die Folge. Die ägyptisch-algerische Rivalität ist eine alte Geschichte, aber sie ist meist gut gemanagt und entlädt sich, auch physisch, sonst nur beim Thema Fußball.

Die Vorgeschichte der aktuellen Spannungen ist, dass es seit April 2014 Meldungen über die Bildung einer »Free Egyptian Army« – natürlich nach dem Vorbild der Free Syrian Army – gibt, die sich nicht nur in Ägypten gegen die neue Führung formieren soll, sondern auch jenseits der ägyptisch-libyschen Grenze. Dass Sisi eine terroristische Gefahr von Libyen ausgehen sieht, dessen Osten ja tatsächlich im Chaos zu versinken droht, hat er wiederholt in Interviews gesagt. Umgekehrt wird gemunkelt, dass Ägypten die Unruhen in Libyen dazu nützen könnte, sich ein Stückchen des ölreichen Ostens zu schnappen – damit wäre Kairo tatsächlich viele Sorgen los. Diesen Gerüchten folgten prompt Ansagen aus Algerien, dass die algerische Armee bereit sei, Libyen vor ägyptischen Expansionsgelüsten zu schützen. Und so weiter, bis zur »Drei-Tage«-Ansage Sisis. Was stimmt, ist, dass Sisi den Westen wiederholt aufgerufen hat, die Aufgaben, die er mit dem Sturz Muammar al-Gaddafis begonnen habe, auch zu Ende zu führen und Libyen zu befrieden. Aber das versucht ja nun ein Libyer selbst, Exgeneral Khalifa Belqassim al-Haftar, der ganz unverblümt Anleihen bei Sisi nimmt, wenn er mit dem Anspruch auftritt, dass er die Muslimbrüder besiegen und Libyen seine Würde zurückgeben will. Sisis Ausstrahlung reicht also bereits über die Grenzen Ägyptens hinaus.

Ein Kalter Friede

Bei allen Belastungen ist der israelisch-ägyptische
Friedensvertrag eine Realität, die länger andauert
als der Kriegszustand zuvor

Es gab zu Beginn des Jahres 2011 ein Land, dessen politische
Kaste nicht wie die anderer Demokratien unisono in Bewun-
derung und Freude über die demokratischen Ambitionen
der Ägypter und Ägypterinnen verfiel, die am 11. Februar den
Langzeitpräsidenten Hosni Mubarak stürzten: Israel. Die israelische Regierung nahm die Vorgänge in Ägypten vor allem
als den Fall einer wichtigen Säule der US-amerikanischen Politik im Nahen Osten wahr. Trotz aller Reibereien war Mubarak ein verlässlicher Partner der USA und damit auch Israels
gewesen.

Auf den arabischen Straßen, und besonders natürlich in
Ägypten, wurde Mubarak deshalb als »Polizist Israels« ver-
achtet, der den Gazastreifen von Ägypten her dicht hielt, also
im Dienste der israelischen Sicherheit, zuungunsten der pa-
lästinensischen Bedürfnisse, stand. Der israelisch-ägyptische Friede, den Präsident Anwar al-Sadat und Israels
Ministerpräsident Menachem Begin nach dem Camp-David-
Friedensprozess 1979 in Washington mit ihren Unterschrif-
ten besiegelten, ist immer kalt geblieben. Ägypten hatte mit
diesem Friedensschluss, der ihm die 1967 an Israel verlorene
Halbinsel Sinai zurückbrachte, nach arabischem Verständnis die Sache der Palästinenser »verraten« und wurde dafür
von der Arabischen Liga suspendiert, die ihr Hauptquartier

von Kairo weg nach Tunis verlegte. Mubarak, der 1981 nach der Ermordung Sadats Präsident wurde, gelang die Aussöhnung mit der Liga, aber die »Würde« Ägyptens und seines Präsidenten blieb beschädigt. »Würde« – das war ein wichtiger Begriff bei der Revolution 2011 und noch einmal beim nächsten Umsturz 2013.

Über Omar Suleiman, Mubaraks mächtigen Geheimdienstchef, der für die Sicherheitszusammenarbeit mit Israel zuständig war, wurde gespottet, dass er sich mehr in Israel aufhalte als in Ägypten. Im ägyptischen populären Bewusstsein verschmolz das Bild Suleimans als Meister über die Geheimdienst-Folterknechte mit dem des »Freundes« Israels. Als er von Mubarak Ende Januar 2011, wenige Tage vor dem Ende des Regimes, zum Vizepräsidenten ernannt wurde – und damit zum wahrscheinlichen Nachfolger des angeschlagenen Präsidenten –, hoffte Israel auf eine Kontinuität in den Beziehungen. Diplomatisch nicht sehr geschickt war es, die Enttäuschung so offen zu zeigen, als sich diese Hoffnungen nicht erfüllten. Die neue politische Elite in Ägypten konnte gar nicht anders als irritiert sein angesichts der Bestürzung, die im offiziellen Israel nach dem Abgang Mubaraks und Suleimans herrschte.

Auch für manche Mitglieder der revolutionären Grass-Root-Bewegungen war das ein Grund für eine weitere Entfremdung von Israel, mit Betonung auf »weitere«, bei einer bereits grassierenden Israel-Feindlichkeit, die viele Ägypten-Beobachter angesichts der inspirierenden Bilder vom Tahrir-Platz einfach nicht sehen wollten. Dass die revoltierenden jungen Ägypter und Ägypterinnen im Januar und Februar 2011 andere Slogans hatten und Israel, auch die USA, im Revolutionsdiskurs gar nicht vorkamen, mag schon stimmen. Aber dass der Umsturz den über Jahrzehnte kultivierten Hass einfach auslöschen würde, war immer naives Wunschdenken.

Viele Menschen in Ägypten verstanden das Zögern Israels, die ägyptische Demokratiebewegung zu begrüßen, so: Israel, das sich selbst als einzige Demokratie im Nahen Osten bezeichnet, hält die Diktatur für die angemessene Regierungsform in Ägypten. Mit den Defiziten der eigenen Bewegung und dem Umfeld der Revolution – Faktoren, auf denen die israelische Skepsis durchaus auch beruhte – wollten sich kurz nach dem Umsturz nur wenige Ägypter auseinandersetzen. Die Wahlsiege der Muslimbrüder, ihr sich später offenbarender Drang zur absoluten Macht, aber vor allem die Destabilisierung auf dem Sinai, sahen andererseits in Israel viele als Bestätigung: Und deshalb wurde der Sturz des Muslimbruder-Präsidenten Muhammad Mursi durch General Abdulfattah al-Sisi im Sommer 2013 in Israel ziemlich offen begrüßt. Von der neuen ägyptischen Führung erwartete Israel die Wiederherstellung der Stabilität Ägyptens. Der Stellenwert der Demokratie, naja ...

Eine neue ägyptische Außenpolitik

Aber zurück zu 2011: Auch die ägyptische Außenpolitik blieb nicht unberührt vom Verschwinden Mubaraks, sehr zum Misstrauen Israels. Außenminister Nabil Elaraby – der später die Führung der Arabischen Liga übernahm – war erst kurz im Amt, als er im April 2011 eine Neudefinition der ägyptischen Beziehungen zu anderen Ländern und Gruppen ankündigte, auch zu solchen, mit denen man unter Mubarak schlechte Beziehungen gehabt hatte. Er meinte unter anderem den Iran, aber auch die Hamas im Gazastreifen. Dahinter stand natürlich die an sich vernünftige Idee, durch neue Kontakte und Öffnung mehr Einfluss und Kontrolle zu gewinnen. Wobei sich jedoch bald erwies, dass man mit der Hamas reden konnte, so viel man wollte, dies aber die Aktivitäten der kleinen, viel radikaleren Gruppen unberührt ließ, die noch dazu vom sich ausbreitenden Chaos in Libyen profitierten: Eine wahre Bonanza an leicht erwerbbaren Waffen tat sich dadurch in der ganzen Region auf. Die kontinuierliche Destabilisierung des Sinai, trotz verstärkter Präsenz der ägyptischen Sicherheitskräfte, gipfelte bereits im August 2011 in einem Anschlag in Südisrael, der von ägyptischem Territorium ausging. Bei der Verfolgung der Terroristen kamen fünf ägyptische Soldaten ums Leben, und ihr Tod war der Anlass – wenn auch nicht tiefere Ursache – für Demonstrationen vor der israelischen Botschaft in Kairo, die Anfang September 2011 sogar zu deren Erstürmung führten. Die internationale Bestürzung war groß. Das war das neue Ägypten?

Nicht erst während der dadurch ausgelösten Krise sahen Pessimisten sogar den Friedensvertrag zwischen Ägypten und Israel in Gefahr. Das große Fragezeichen waren die Muslimbrüder: Der Vertrag – beziehungsweise dessen Annullierung – war ein Dauerbrenner in ihren Propagandaschriften während der Mubarak-Zeit. In Interviews gelang es hingegen fast nie, einem führenden Mitglied der Bruderschaft ein wirklich radikales Statement in dieser Beziehung zu entlocken. Zumindest Interviewern aus westlichen Staaten wurden meist ziemlich pragmatische Ansichten serviert. Das werteten Beobachter als Hinweis, dass die Muslimbrüder, wenn sie einmal politisch etwas zu sagen haben würden, letztlich genauso vernünftig – den ägyptischen Interessen folgend – handeln würden wie andere Akteure. Der Friedensvertrag mit Israel ist nun einmal, auch wenn man ein Muslimbruder ist, eine Realität, die mittlerweile länger andauert als der Kriegszustand zuvor. Genau so war es dann auch.

In der westlichen Presse riefen jedoch von Zeit zu Zeit Bemerkungen Aufregung hervor, die unter anderem aus dem ägyptischen Außenministerium kamen, nämlich, dass der Vertrag »revidiert« werden solle. Seltener berichtet wurde, dass Kairo stets betonte, dass es sich um einen Revisionsprozess handeln würde, der im Rahmen des Vertrags selbst vorgesehen ist (Artikel IV, Paragraph 4). Bei den Revisionswünschen der Ägypter geht es um die Sicherheitsarrangements auf dem Sinai, konkret die Details der Entmilitarisierung, die die Ägypter für die schlechte Sicherheitslage mitverantwortlich machen. Der Sinai ist in diesem Vertrag in Zonen geteilt, und in der Zone C, direkt an der Grenze zu Israel, dürfen nur die MFO (Multinational Force and Observers, eine internationale Truppe) sowie leichtbewaffnete zivile ägyptische Polizei präsent sein. Eine Ausnahmeregelung gilt für den Norden, an der Grenze zum Gazastreifen, wo laut einer ägyptisch-israelischen Extraübereinkunft seit 2005 zusätzliche ägyptische »Border Guards« stationiert sind. In Zone B und C darf es keine bewaffnete ägyptische Luftüberwachung geben. Auch in B, quasi dem Herzstück des Sinai, ist die Anzahl der Truppen, die Ägypten stationieren darf, im Vertrag auf vier Bataillone beschränkt.

Destabilisierung des Sinai

Seit Jahren – und auch im Hinblick darauf, dass Israel Ägypten stets dafür kritisierte, die Grenze zum Gazastreifen lax zu überwachen – wollen die Ägypter mehr Personal und Waffen auf dem Sinai haben. Nach dem Sturz Mubaraks erhielt dieser Wunsch eine neue Dringlichkeit: Bereits in den ersten Monaten nach dem Regimewechsel begannen die Angriffe auf die Gaspipeline nach Israel (und Jordanien) und auf staatliche Einrichtungen wie Polizeistationen. Dass Ägypten Gas nach Israel lieferte – unter Verträgen, bei denen die politische Elite in Kairo mitgeschnitten haben soll – war natürlich auch ein Politikum im Ägypten nach der Revolution. Diese Lieferungen wurden 2012 eingestellt.

Israels Eigeninteresse daran, dass die ägyptische Armee die staatliche Kontrolle auf dem Sinai wieder herstellte, führte nach Aussagen von Beobachtern dazu, dass es stillschweigend tolerierte, dass die im Vertrag festgelegten Beschränkungen von den Ägyptern immer wieder verletzt wurden. Im August 2011 und dann noch einmal im Juli 2013 – gleich nach dem Sturz Mursis – erlaubte Israel der ägyptischen Armee offiziell, ihre Truppen aufzustocken. Einer der Hauptvorwürfe Sisis und seiner Unterstützer gegen Mursi hatte ja gelautet, dass er die Armee bewusst daran hindere, gegen die Extremisten auf dem Sinai vorzugehen – weil er mit ihnen unter einer Decke stecke. Nach dem Umsturz im Sommer 2013 änderte sich das schlagartig, die Ägypter begannen eine Offensive auf dem Sinai und isolierten den Gazastreifen – inklusive Aufspüren und Zerstören von Schmuggeltunnels. Das ist einer der Gründe, warum man in Israel, gelinde gesagt, nicht glücklich darüber war, dass Washington nach der Absetzung Mursis Waffenlieferungen an Ägypten teilweise auf Eis legte. Abdulfattah al-Sisi hat mit Israel einen starken Fürsprecher in Washington. Eines bleibt aber auch klar: Israel unterstützt zwar die Ägypter bei ihren Aktionen auf dem Sinai – aber dass das Heranrücken der ägyptischen Armee an die Grenze zum permanenten Normalzustand wird, das will man in Israel natürlich trotzdem nicht.

»Vollständige Umsetzung« von Camp David

Selbstverständlich hält auch Sisi an der arabischen Linie fest, dass für eine völlige Normalisierung mit Israel die Schaffung eines Palästinenserstaates Voraussetzung wäre. In einem Interview sagte er, dass er dann auch nach Israel fahren würde – Sadat tat das bekanntlich vor dem Friedensschluss. Seit dem Umsturz 2011 kann man in Ägypten immer wieder hören, dass man zum Vertrag stehe, aber verlange, dass dieser von israelischer Seite »voll implementiert« werde. Auch der ehemalige US-Präsident Jimmy Carter – der Pate des israelisch-ägyptischen Friedens – hat bereits wiederholt daran erinnert, dass zum Vertrag von 1979 auch die zwei in Camp David 1978 ausgehandelten »Frameworks« gehören, von denen »A Framework for the Peace in the Middle East« nie umgesetzt wurde.

Es handelt sich dabei um nicht weniger als einen Entwurf für einen Fahrplan, der zur Autonomie der Palästinenser führen sollte. Damals war noch nicht von einem Staat die Rede, aber die Grundzüge sind die gleichen wie in dem Dokument, das die Arabische Liga 2002 in Beirut als Friedensinitiative auf den Tisch legte: voller Friede mit Israel gegen einen Palästinenserstaat mit den Grenzen der Waffenstillstandslinie von 1949, die die Grüne Linie bis zum Sechs-Tage-Krieg von 1967 war, in dem Israel den Gazastreifen und das Westjordanland eroberte (sowie den Sinai und den Golan). Auch wenn es angesichts der Tatsachen im Westjordanland – der riesigen israelischen Siedlungen – historisch anmutet, berufen sich die Araber weiter auf UNO-Sicherheitsresolution 242 (1967), und zwar, wie im Camp-David-Rahmenabkommen steht, »in all its parts«. Das inkludiert einen Halbsatz in der Präambel, der da lautet: »Emphasizing the inadmissibility of the acquisition of territories by war (...)«, das heißt, die Resolution betont, dass es unannehmbar sei, Territorien durch Krieg zu gewinnen.

Die israelische Unterschrift unter das Dokument von Camp David wurde von der Seite Menachem Begins als Konzession an den ägyptischen Präsidenten Anwar al-Sadat empfunden, der damit – erfolglos – seiner Isolation in der arabischen Welt entgegenzuarbeiten versuchte. Das »Framework« sollte belegen, dass der Vorwurf falsch war, dass Sadat den arabischen Konsens verließ und die Palästinenser im Stich ließ, um ägyptische Partikularinteressen zu verfolgen, die in der Wiedergewinnung des Sinai bestanden. Ägypten wurde dennoch aus der Arabischen Liga hinausgeworfen, Sadat 1981 von einem Mitglied des Islamischen Jihad ermordet.

In Israel hingegen führte das »Framework for the Peace in the Middle East« zum politischen Ende zweier Minister der Regierung Begin: Moshe Dayan trat als Außenminister zurück, als Begin die Verhandlungen über eine palästinensische Autonomie Innenminister Yosef Burg als Verhandlungsleiter anvertraute, einem Nationalreligiösen, der das religiöse Recht Israels auf »Judäa und Samaria«, das heutige Westjordanland, eigentlich als nicht verhandelbar betrachtete. Dayan hatte das Ganze ernst genommen, ebenso wie Ezer Weizman, der als Verteidigungsminister 1980 zurücktrat, weil seiner Meinung nach Begin dabei war, eine historische Chance auf Frieden zu versäumen. Nach dem Narrativ des offiziellen Israels hat es diese Chance jedoch ohnehin nie gegeben.

Eine Liebe im Wandel der Zeiten

*Die Beziehungen zwischen Teheran und Kairo waren
in den vergangenen Jahrzehnten selten entspannt*

Der Besuch des ägyptischen Präsidenten Muhammad Mursi
im Iran im August 2012 führte zu einem diplomatischen Un-
fall – zur Schadenfreude aller, die dem Regime im Iran nicht
gerade mit Sympathie gegenüberstehen, und das sind ja bekanntlich nicht wenige. Die Geschichte kam so: Der Iran
hatte sich so sehr bemüht, den Muslimbruder Mursi, der als
islamistischer republikanischer Verbündeter gegen die islamistischen arabischen Golfmonarchien gesehen wurde,
zum Blockfreien-Gipfel nach Teheran zu locken. Der erste
ägyptische Präsident nach dem Sturz Hosni Mubaraks, welchen man in Teheran als »Sklave der USA« verabscheut hatte, sollte höchstpersönlich den ägyptischen Vorsitz der Bewegung der Blockfreien Staaten an die Iraner übergeben.
Aber Folgendes war nicht vorgesehen: Mursi kam – und las
in seiner Rede den Iranern wegen ihrer Unterstützung des
Assad-Regimes die Leviten und prangerte die Zustände in
Syrien an. Es war ein Simultandolmetscher im iranischen
Staatsfernsehen, der versuchte, die iranische Welt wieder
ins Lot zu bringen. Wo Mursi »Syrien« sagte, übersetzte er
einfach »Bahrain«. Die Iraner und Iranerinnen vor den Fern-
sehgeräten sollten glauben, Mursi, der Freund Irans, äußere
sich entsetzt über die Lage in Bahrain, wo ein sunnitisches
Königshaus, unterstützt von Truppen aus Saudi-Arabien,

versuchte, schiitisch geführte Proteste in den Griff zu bekommen. In den arabischen Golfstaaten und in Ägypten war man über den »Übersetzungsfehler« empört, anderswo lachte man herzlich. Besonders irritiert reagierte natürlich das offizielle Bahrain: Das Außenministerium in Manama berief den iranischen Geschäftsträger ein, um ihm eine Protestnote zu überreichen. Wobei größer als die Aufregung über die iranische »Einmischung«, die ja Dauerthema ist (die arabischen Golfstaaten beherrschen die Einmischung anderswo allerdings auch ganz gut), das Kopfschütteln darüber war, dass die Iraner glaubten, mit so einem Unsinn durchzukommen. Der Schuss ging ja auch im Iran selbst nach hinten los: Die Mursi-Rede und seine Meinung zu Syrien erfuhren eine Aufmerksamkeit, die sie ohne die eigenwillige »Übersetzung« nie gehabt hätten.

Natürlich sind die beiden Länder, Syrien und Bahrain, und was dort seit 2011 geschah, nicht zu vergleichen, aber man kann schon festhalten, dass die politische Situation eine spiegelbildliche ist: Bekämpft in Syrien eine aus der religiösen Minderheit der Alawiten stammende Herrscherfamilie, die Assads, einen Aufstand, der von einer sunnitischen Mehrheit im Land getragen wird, so sind es in Bahrain Mehrheits-Schiiten, die gegen ein sunnitisches Königshaus und eine sunnitische Elite aufstehen. Je nachdem, auf welcher Seite des Persischen Golfs man sich also befindet, ist der bahrainische Aufstand gut oder böse: für die Golfiraner gut, für die Golfaraber böse. Die schiitischen Iraner unterstützen die bahrainischen Rebellen, und die sunnitischen Golfaraber unterstützen das bahrainische Regime. Genau umgekehrt ist es in Syrien. Die sunnitischen Golfaraber unterstützen die syrischen Rebellen, und die schiitischen Iraner unterstützen das syrische Regime. So einfach stellt sich leider manchmal die Welt dar – in Wahrheit ist sie natürlich doch wieder viel komplizierter ...

Jedenfalls war Feuer am iranisch-arabischen Dach, und die iranische Absicht, Muhammad Mursi – nach iranischer Auffassung das Produkt einer mit der iranischen verwandten ägyptischen islamischen Revolution – als in allen wichtigen politischen Fragen mit dem Iran übereinstimmenden Partner darzustellen, war schiefgegangen. Eine geplante diplomatische Aufwertung der Beziehungen zwischen Ägypten und dem Iran wurde danach gar nicht mehr zur Sprache gebracht. Aber immerhin, Mursi, der ägyptische Präsident, war nach Teheran gekommen – bei Präsident Abdulfattah al-Sisi, der im Juli 2013 Mursi stürzte und dabei von Saudi-Arabien unterstützt wurde, wird so ein Besuch wohl nicht so schnell kommen. Die ägyptisch-iranischen Beziehungen sind 2013 in die Starre zurückgefallen, in der sie in den vergangenen Jahrzehnten meist steckten. Immer wenn sie gut oder wenigstens halbwegs normal waren, passierte in einem der beiden Länder etwas, das zu einem diplomatischen Absturz führte. Man könnte die ganze iranisch-ägyptische Geschichte ab der zweiten Hälfte des 20. Jahrhunderts aus diesem Blickwinkel erzählen.

Als die Islamische Republik Iran 1979 gegründet wurde, war in Ägypten Anwar al-Sadat Präsident – der nicht nur, schlimm genug für die neu an die Macht gekommenen Mullahs im Iran, einen Friedensvertrag mit Israel schloss, sondern auch den exilierten Schah in Ägypten aufnahm. Mohammed Reza Pahlavi verbrachte seine letzten Tage in Kairo und wurde mit einem Staatsbegräbnis in der Al-Rifa'i-Moschee begraben, wo zahlreiche Mitglieder der ägyptischen Königsfamilie ruhen, unter anderem auch der 1952 gestürzte, 1965 verstorbene letzte ägyptische König Faruq I.

Faruq war Schwager des Schahs, der, damals Kronprinz, 1939 Faruqs Schwester Fawziya geheiratet hatte. Geboren 1921, starb Fawziya übrigens am 2. Juli 2013, also einen Tag bevor General Sisi den Muslimbruder-Präsidenten Mursi stürzte. Die Ehe zwischen dem Schah von Persien und der ägyptischen Prinzessin wurde 1945 in Ägypten geschieden, wohin Fawziya dem Schah mehr oder weniger davongerannt war. Erst 1948 willigte auch der Iran in die Scheidung ein. Ihre Tochter Shahnaz musste Fawziya am Hof des Schah zurücklassen. Aber beide Seiten beteuerten, dass das Scheitern der Verbindung der Königshäuser den beiderseitigen guten Beziehungen der Staaten keinen Abbruch tun würde. Iran und Ägypten, das waren die beiden Großreiche mit einer langen Geschichte in der Region, keine Neuankömmlinge wie die arabischen Nationalstaaten oder gar die Monarchien am Golf. Auch nach 2011 wurde das von Teheran bei seinen Annäherungsversuchen an Kairo immer wieder subtil betont: Wir beiden großen, alten Kulturnationen haben so viel gemeinsam.

In Ägypten kam 1952 aber erst einmal die Revolution und der Sturz der Monarchie. Wobei sich die Muslimbrüder in der Hoffnung auf einen islamischen Staat auf der Seite der Revolutionäre befanden, jedoch von den Offizieren, die die Macht ergriffen, bald marginalisiert und verfolgt wurden. Damals kamen die Muslimbrüder nicht annähernd so weit wie nach der Revolution von 2011.

Die Angst des Schah vor Nasser

Dynastische Ressentiments in Teheran gegen die Revolutionäre in Kairo hätten als Grund für die schlechte Stimmung zwischen Teheran und Kairo in den 1950er Jahren ja eigentlich schon ausgereicht. Aber es gab da auch noch die regionalpolitische Ebene, die die Beziehungen zwischen dem jungen republikanischen Ägypten und dem Schah-Iran verkomplizierten – und in gewisser Weise stellt die heutige Konstellation die damalige auf den Kopf: Fürchten heute die Araber den Aufstieg Irans zur Hegemonialmacht in der Region, so schaute in den späten 1950er und 60er Jahren der Iran gebannt auf Gamal Abdul Nasser, der versuchte, die arabische Welt hinter sich zu vereinen und seinen Einfluss über Ägypten hinaus auszudehnen. Mohammed Reza Pahlavi war ein lautstarker Warner vor der ägyptischen Hegemonie. Zum besseren Verständnis muss man sich die damalige dominante Rolle Ägyptens vergegenwärtigen: Von den späteren Konkurrenten war Saudi-Arabien erst im Kommen, und der Irak musste sich nach seiner eigenen antimonarchistischen Revolution von 1958 erst wieder konsolidieren. Diese Revolution hatte auch eine Verschiebung der Grenzen des Kalten Kriegs in der Region gebracht: Der Irak trat aus dem 1955 geschlossenen Bagdad-Pakt – dem prowestlichen Verteidigungsbündnis von Großbritannien, Irak, Iran, Türkei, Pakistan – aus und wechselte auf die andere, quasi die sowjetisch-ägyptische, Seite. Teheran fühlte sich bedroht.

Dazu kam noch das politische Zusammenrücken Ägyptens unter Nasser mit Syrien, das dem Schah ein Dorn im Auge war: 1958 wurde die kurzlebige ägyptisch-syrische Union – die Vereinigte Arabische Republik – gegründet, für die sich auch der Irak sehr interessierte. Ein weiterer Stein des Anstoßes lag im Nordjemen, wo Ägypten gegen die Royalisten zugunsten der Republikaner, die 1962 die Monarchie stürzten, intervenierte. 1964 sagte der – säkulare – Schah in einer Rede, Nasser gebe »eine Million Dollar täglich aus, um Muslime im Jemen zu töten ...«. Aber gerade im Jemen-Krieg zeigten sich auch klar die Grenzen Nassers als arabischer Führer: Neben dem Schah unterstützten Saudi-Arabien und Jordanien die Monarchisten. Der Schah beschuldigte Nasser auch, einen Keil zwischen den Iran und die Golfaraber treiben zu wollen, etwa durch Gerüchte über illegale iranische Einwanderung auf der arabischen Seite des Persischen Golfs, zum Zwecke der »Kolonialisierung«. Diese Unterwanderungsängste gibt es noch heute.

Nach dem Tod Nassers 1970 kam mit Anwar al-Sadat zwar auch ein Spross der ägyptischen Revolution an die Macht – aber mit ihm erfolgte der Stimmungswechsel, unterstützt durch Sadats langsames Driften in Richtung amerikanische politische Hemisphäre, dessen Höhepunkt der Friedensvertrag mit Israel im März 1979 war. Aber da war eben in Teheran schon wieder alles anders: Im Iran hatte einen Monat zuvor Ayatollah Khomeini die Macht übernommen. Sadat bezahlte 1981 seine Politik mit dem Leben. Seinem Mörder, Khaled al-Islambuli, wurde in Teheran prompt eine Straße gewidmet. 2004, unter einem Teheraner Oberbürgermeister namens Mahmud Ahmadinejad, wurde sie übrigens wieder umbenannt. Der antiägyptische Trend wurde durch einen antiisraelischen ersetzt: Die Straße heißt heute nach Mohammed al-Durra, dem Kind, das im Jahr 2000 zu Beginn der Zweiten Intifada in einem israelisch-palästinensischen Kreuzfeuer auf einer Straßenkreuzung im Gazastreifen erschossen wurde (bis heute wird darüber gestritten, von wem). Aber wer Teheran kennt, kann annehmen, dass sich auch dieser Name nie durchsetzen wird: Viele nach der Revolution umgetaufte Straßen laufen auch über 30 Jahre danach inoffiziell noch unter ihren alten Namen.

Exit Mubarak: Mit der ägyptischen Revolution 2011 und den folgenden Wahlsiegen der Muslimbrüder kam eine neue Chance, die der Iran fast begierig ergriff. Die Botschaft sollte wohl zuallererst an die salafistischen absoluten Monarchien am Golf gerichtet sein: Seht her, wir sind Republiken (die Iraner würden sagen: »und Demokratien«), und wir sind gut islamisch. Die Aversion Saudi-Arabiens gegen die Muslimbrüder-Herrschaft hatte auch mit der Angst zu tun, dass es Teheran letztendlich gelingen könnte, Ägypten aus dem arabischen antiiranischen Konsens herauszulösen: Immerhin stand und steht ja schon ein anderer, Assad in Syrien, außerhalb. Die Ängste waren unbegründet – einen Politikwechsel hätte alleine schon die ägyptische Schiitophobie unmöglich gemacht. Aber nach Mursis Besuch im Sommer 2012 in Teheran traf im Februar 2013 Mahmud Ahmadinejad als erster iranischer Präsident zu einem Besuch in Kairo ein, wenngleich nur anlässlich einer Konferenz der Organisation der Islamischen Staaten. Der Aufenthalt muss mehr als ernüchternd für die Iraner gewesen sein: Ahmadinejad wurde mit Schuhen beworfen, und der Großscheich von Al-Azhar hielt ihm eine Strafpredigt über die schlechte Behandlung von Sunniten im Iran, die Einmischung des Iran in die Politik der arabischen Golfstaaten und über die schiitische Mission, die brave sunnitische Muslime vom rechten Glauben abbringe. Aber immerhin, es gab wieder Beziehungen – die allerdings der nächste Umsturz, im Sommer 2013, bei dem das Militär dem Muslimbruder-Spuk ein Ende machte, wieder in die Eiszeit zurückstieß. Wobei eines fast erheiternd war: Die iranische Führung konnte im Juni 2014 nicht gut die erneute »Wahl« Bashar al-Assads zum Präsidenten begrüßen und eine andere nicht ganz ernstzunehmende, die Sisis in Ägypten, verdammen, das wäre denn doch zu lächerlich gewesen. Und so kam der Feldmarschall letztlich auch zu Glückwünschen aus Teheran.

Unser iranischer Buhmann

Ahmadinejad gilt im Westen als der prototypische Vertreter
seines Systems – das er in Wahrheit herausforderte

Der Auftritt des iranischen Präsidenten Mahmud Ahmadinejad vor der UNO-Vollversammlung im September 2012 war
ein Abschied: Im Juni 2013 würde es eine Präsidentenwahl
im Iran geben. Ein abermaliges Antreten Ahmadinejads war
nach zwei Amtsperioden (2005–2009–2013) nicht mehr möglich. Aber dass im Herbst 2013 der gemäßigte Mullah Hassan
Rohani als neuer iranischer Präsident nach New York fahren
und sich der Versuch einer Normalisierung sogar in einem
Telefongespräch zwischen ihm und US-Präsident Barack
Obama niederschlagen würde, darauf hätte zu der Zeit niemand einen Cent gewettet.

Ich habe damals ironisch geschrieben: Ahmadinejad wird
uns abgehen, als Symbolfigur, in die man alles, was man gegen das iranische System hat, hineinlegen kann. Der iranische Buhmann des Westens, der den Holocaust leugnete und
die Antisemiten um sich scharte, verkörperte die Unmöglich-
keit, sich mit dem Regime zu verständigen. Das war manchmal auch ganz bequem. Obwohl der politisch informierte
Teil der Welt ja genau wusste, dass Ahmadinejad als Präsident am Ende im Iran so abgewirtschaftet hatte, dass es beinahe ein Wunder war, dass er seine Amtszeit noch zu Ende
brachte, hielten die nicht-iranischen Medien an ihm als dem
iranischen Politiker schlechthin fest. Das galt besonders
für alles, was mit dem Atomstreit zusammenhing – in dem

Ahmadinejad längst nichts mehr zu melden hatte. Dieses Dossier lag in den Händen des religiösen Führers und der von ihm damit Betrauten – zu denen Ahmadinejad nicht gehörte.

Ayatollah Ali Khamenei beließ den erratischen Ahmadinejad am Ende wohl nur deshalb im Amt, weil er sich durch eine Absetzung – die angesichts der vielen Skandale und der katastrophalen Wirtschaftspolitik der Regierung leicht einzufädeln gewesen wäre – selbst beschädigt hätte: War doch Ahmadinejad anfangs sein deklarierter Lieblingspräsident gewesen. Später zeigte sich Khamenei zeitweise so entnervt von den Kapriolen Ahmadinejads, dass er bereits laut andenken ließ, ob nicht die Wahl des Präsidenten anstatt dem Volk dem Parlament überlassen werden sollte. Man könnte den Posten auch überhaupt abschaffen, er sei fürs System nicht entscheidend: Ein Premier an der Spitze der Regierung würde genügen. Und das ist richtig: Ob Präsident oder Premier, die wirkliche Macht liegt tatsächlich woanders.

Das bekam Ahmadinejad spätestens 2011 zu spüren, als er, nachdem er seine Netzwerke erfolgreich zu einem neuen politischen Flügel ausgebaut hatte, versuchte, auch noch nach dem Geheimdienstministerium zu greifen – was Khamenei mittels einer direkten Intervention verhinderte. Das Naheverhältnis zwischen Khamenei und Ahmadinejad hatte sich ab dem Moment aufzulösen begonnen, als sich in Ahmadinejads vermeintlich absoluten Gehorsam ein ausgeprägtes Machtbewusstsein mischte. Ahmadinejad baute sich eine Machtbasis auf, indem er seine Klienten in den Institutionen unterbrachte. Und er versuchte bald recht eindeutig, autonome Entscheidungen zu treffen, die nicht nur mit Khamenei nicht akkordiert waren, sondern sogar gegen dessen Willen verstießen.

Damit zerstörte er nicht nur seine Sonderbeziehung zu Khamenei, sondern lud den Zorn fast des gesamten konservativen Lagers auf sich, das zuvor zu seinen Unterstützern gehört hatte. Auch wenn Ahmadinejad zuletzt noch versuchte, neben seiner Klientel, der religiösen Unterschicht, auch noch eine säkulare Mittelschicht zu gewinnen – tatsächlich gibt es etwa immer wieder explizit frauenfreundliche Ansagen Ahmadinejads – bekam er politisch nicht mehr wirklich einen Fuß auf den Boden. Jene Gruppen im Establishment, auf die er früher zählen konnte, wandten sich endgültig von ihm ab. Der Populist hatte es übertrieben. Und er hatte sich selbst überschätzt. Der österreichische Iranist Walter Posch, der an der Stiftung Wissenschaft und Politik tätig ist, erklärt in einer Studie die vielen Fehlbesetzungen, die zum professionellen Scheitern seiner Regierung führten, durch die »dünne Personaldecke« Ahmadinejads, der mehr oder weniger auf ein Provinzler-Netzwerk angewiesen war.[19] Wer sich Macht aufbauen will, schaut mehr auf die Loyalität als auf die Qualifikation.

Aufstieg und Fall des Mahmud Ahmadinejad

Ahmadinejads Wahl am 24. Juni 2005 war eine Ohrfeige für seinen Gegenkandidaten und für das ganze satte Mullah-Establishment gewesen: In der Stichwahlrunde besiegte er den Expräsidenten der Islamischen Republik, Ali Akbar Hashemi Rafsanjani (1989–1997). Dieser hatte acht Jahre und zwei Amtsperioden pausiert, in denen Mohammed Khatami, der Reformer, seine – oder auch keine – Chance gehabt hatte (und für Khamenei ebenso große Probleme, wenngleich andere als Ahmadinejad, geschaffen hatte). Rafsanjani, Geistlicher und Großgrundbesitzer, ging 2005 natürlich als Favorit in die zweite Runde. Ahmadinejad gewann sie mit 62 Prozent. Er wurde der erste Laie im Präsidentenamt, das zuvor nur von Klerikern besetzt gewesen war und nach ihm auch an einen solchen zurückging.

Acht Jahre später, 2013, war nun Ahmadinejad mit dem Pausieren an der Reihe. Seine Gegner konnten den Moment seines Abgangs kaum erwarten: Dazu gehörten auch viele im konservativen Establishment, die 2009 seine umstrittene Wiederwahl verteidigt hatten. Berichte über und Hinweise auf eine Fälschung der Ergebnisse zuungunsten des als Reformer antretenden Expremiers Mir-Hossein Mussavi lösten damals immer wieder aufflammende Massenproteste aus, die brutal niedergeschlagen wurden. Khamenei hielt an Ahmadinejad fest.

Mahmud Ahmadinejad, ein promovierter Zivilingenieur, stammt aus dem Süden Teherans, und das ist mehr als eine geografische Bezeichnung. Er gewann das Präsidentenamt als Vertreter der einfachen Leute – sein Markenzeichen wurde die ewig gleiche beige Jacke –, die weder mit dem teuren Lebensstil eines Rafsanjani noch der intellektuellen Finesse eines Khatami etwas anfangen konnten. Seine im Ausland als ruppig wahrgenommene Art hatte für seine Anhänger etwas angenehm Direktes, Ehrliches, auch Charismatisches. Ahmadinejad gehört zu jener Klasse, deren Schultern die Revolution 1979 und den achtjährigen Krieg gegen den Irak getragen hatten. Das war alles seit dem Tod Ayatollah Khomeinis 1989 etwas in Vergessenheit geraten – und Khatami, der das System auf seine Weise retten wollte, indem er einen Reformweg versuchte, hatte alles noch einmal gehörig durcheinandergebracht.

Je näher der Abgang Ahmadinejads als Präsident rückte, desto lauter wurden die Spekulationen darüber, was aus dem knapp 56-Jährigen werden würde. Sollte er wirklich die Politik verlassen und wieder an die Universität zurückkehren, um Ingenieurswesen zu lehren, wie er in Interviews sagte? Einem Journalisten des iranischen Staats-TV stellte er nämlich eine Gegenfrage: »Woher wissen Sie, dass das mein letztes Jahr sein wird?« Bei einigen begannen die Alarmglocken zu schrillen, dass er etwas Putschartiges vorhabe – kein sehr realistischer Plan, außerdem wohl keiner, den man im Fernsehen ankündigt. Andere warfen ihm vor, ein »Putin-Medwedew«-Szenario auszuhecken, das heißt, für vier Jahre einen Gefolgsmann auf den Schild heben zu lassen, um dann bei den Präsidentschaftswahlen 2017 zurückzukehren. Wenn Ahmadinejad das anstrebte, dann ist er gescheitert.

Der geheimnisvolle Schwippschwager

Sein Kabinettschef Esfandiar Rahim-Mashaei mochte tatsächlich für die Medwedew-Rolle vorgesehen sein, wie in einem Bericht von US-Diplomaten, der durch Wikileaks an die Öffentlichkeit kam, zu lesen ist. Die beiden sind durch die Heirat ihrer Kinder verwandt: Mashaeis Tochter ist die Gattin von Ahmadinejads Sohn. Das Verhältnis der Schwippschwager ist zumindest von Ahmadinejads Seite aus gesehen ein fast schwärmerisches. Rahim-Mashaei kam in der zweiten Amtsperiode Ahmadinejads eine besondere Bedeutung zu, die zur Entfremdung des Präsidenten vom Lager Khameneis beitrug. Dem konservativen Establishment – und offenbar auch Khamenei selbst – ist Mashaei nämlich ein Dorn im Auge. Ahmadinejad konnte ihn 2009 nicht einmal als Vizepräsident durchsetzen – und prompt wurde er vom Wächterrat auch als Kandidat für die Präsidentschaftswahlen 2013 abgelehnt. Da nützte es auch nichts, dass ihn Ahmadinejad persönlich zur Registrierung begleitete. Für seine Gegner war es die ultimative Provokation des scheidenden Ahmadinejad, die Kandidatur des »Abweichlers« als persönliche Mission zu betreiben.

Die Freundschaft der beiden Männer begann 1984 im Westiran: Mashaei arbeitete für das Geheimdienstministerium an der Kurdenfrage, während Ahmadinejad Gouverneur in Khoy war. Danach wechselte Mashaei ins Innenministerium und, als Ahmadinejad Oberbürgermeister von Teheran wurde, in dessen Büro. Als Ahmadinejad 2005 die Präsidentschaftswahlen gewann, wurde Mashaei, nunmehr Tourismusminister, bald der wichtigste Mann im Kabinett. Als ihn der Präsident jedoch 2009 zu seinem Ersten Vizepräsidenten machte, stornierte die oberste Instanz der Republik, Ali Khamenei, diese Ernennung. Ahmadinejad versüßte Mashaei den Verzicht mit einer Art Liebeserklärung: Es sei eine besondere Gnade Gottes, diesen großen, ehrlichen, frommen Mann kennengelernt zu haben. Mashaei sei wie eine Quelle klaren Wassers, sein Herz wie ein Spiegel ... Danach machte er ihn zu seinem Bürochef. 2012 wurde Mashaei Sekretär der Blockfreien-Bewegung, deren Vorsitz der Iran damals übernahm.

Rahim-Mashaei kann durchaus als Querdenker bezeichnet werden, interessant, dass das bei Ahmadinejad auf so fruchtbaren Boden fiel. Er gilt als Erfinder des Prinzips »Iran first«, anstatt »Islam first«, das für manche Konservative einer Minimierung der Rolle des Islams in der Republik und einer Beschädigung der panislamischen Berufung des Iran gleichkam. Auch die Rehabilitierung der vorislamischen persischen Geschichte gehörte dazu, ein neuer iranischer Nationalismus – was die konservativen Mullahs, die die Islamische Republik auf einer völlig anderen Grundlage ruhen sehen, so verstörte, dass sie Mashaei »Abweichlertum« vorwarfen. Vorwürfe wie »Ketzer«, »Hexer« und »Freimaurer« fielen, weil viele seiner Ansichten – etwa zur Musik, auch zu Frauen, sogar zu Israel – von der strengen Linie abwichen. Bei manchen seiner Gegner stand er wie Ahmadinejad (und dessen geistlicher Alliierter Ayatollah Mesbah-Yazdi) unter Verdacht, der verbotenen »Hojjatiyeh« anzugehören, die eigentlich die Staatsdoktrin und Konstruktion der Islamischen Republik Iran, Khomeinis »velayat-e faqih« (Herrschaft des Rechtsgelehrten), nie voll akzeptiert hat. Dazu gehört die von Mashaei gestellte Frage, ob es für das Verhältnis zum verborgenen Mahdi (und damit zu Gott) wirklich des Klerus bedarf. Das sind wahrlich protestantisch anmutende Aussagen zu einer neuen »Ära des Islam«.

Obwohl er doch selbst der Anlass war, dass im Iran eine Protestbewegung blutig niedergeschlagen wurde, wiederholte Ahmadinejad bei seiner Nationalfeiertagsrede 2013 mehrere Male den Slogan »Es lebe der Frühling«. Auch die »Frühling«-Metapher stammt von Mashaei, der damit die Rückkehr des Mahdi assoziiert (des zwölften schiitischen Imam, der seit dem späten 9. Jahrhundert als »entrückt« gilt). Aber die Assoziation zum »Arabischen Frühling« konnte natürlich nicht ausbleiben. Ahmadinejad griff in dieser Rede auch direkt die mächtigen Familien im Iran an: Da denkt ein jeder an die Larijanis, aber auch die Familie Khamenei gehört dazu. Als Einflüsterer galt wieder Mashaei. Posch schreibt, dass auch die persönliche Intervention Khameneis, als sich Ahmadinejad das Geheimdienstministerium sichern wollte, mehr gegen Mashaei als gegen Ahmadinejad gerichtet war: Denn Mashaei wäre »aufgrund seiner nachrichtendienstlichen Vergangenheit durchaus in der Lage (gewesen), im Sicherheitsapparat jene personellen Umgestaltungen durchzuführen, die Ahmadinejad und seinen Leuten wünschenswert erschienen«, schreibt Posch.

Wurde Ahmadinejad im Westen also als Verkörperung des Mullah-Regimes wahrgenommen, so haben in Wahrheit er und Mashaei das System wiederholt herausgefordert. Damit soll keineswegs gemeint sein, dass sie für den Iran eine bessere Alternative offeriert hätten – dazu war das System Ahmadinejad, das ganz auf den Aufbau einer Machtbasis gerichtet war, viel zu defekt. Die vielen Skandale seiner Zeit sprechen ja eine deutliche Sprache. Aber es bleibt doch bemerkenswert. Ahmadinejad war wie ein Besen des Zauberlehrlings, der sich, am Anfang gerufen, danach selbstständig machte und nur mehr schwer zu stoppen war. Und es fällt schwer zu glauben, dass er für immer in einer Ecke stehen bleiben wird.

Pragmatisch oder ideologisch?

Die iranische Außenpolitik ist nicht permanent revolutionär, auch wenn sie es laut Verfassung sein müsste

Der neue iranische Präsident Hassan Rohani, auf dem die Reformhoffnungen so vieler Iraner und Iranerinnen ruhen, wurde im Sommer 2013 angelobt und präsentierte dem Parlament seine Regierung, unter anderem den pragmatischen Karrierediplomaten Mohammed Javad Zarif als Außenminister. Eine Hälfte der Kommentatoren in westlichen Medien äußerte daraufhin große Erwartungen auf Veränderungen in den iranischen Beziehungen zur internationalen Gemeinschaft, während die andere der Meinung war, dass sich da gar nichts machen lasse: Denn der Iran, der sei eben so, wie er sei. Wie »so«? Pragmatisch oder ideologisch, nationalistisch oder religiös motiviert, rational oder irrational – alle Einschätzungen wird man zur iranischen Außenpolitik finden. Oder gibt es vielleicht verschiedene iranische Außenpolitiken, je nachdem, wer sie macht? Aber wie und von wem wird Außenpolitik im Iran gemacht, wie funktioniert die Entscheidungsfindung, welche Institutionen sind beteiligt? Und vor allem: Was treibt die Akteure an?

Der einfache Blick auf Teheran wird – und will – immer nur das eine sehen, die »islamische Ideologie«, die natürlich in Wahrheit eine sehr komplexe Sache ist, wie Walter Posch schreibt, der in einem Artikel versucht, das Dickicht der iranischen Außenpolitik zu ergründen.[20] Sie sei eine Mixtur

»verschiedener politisch-weltanschaulicher Elemente wie Nationalismus, Antikolonialismus und Anti-Imperialismus, adaptierten marxistischen Ideen, politischem Islam und traditionellem Schiismus«. Das lässt sich grob in zwei sich eigentlich widersprechende Kategorien einteilen, die sich aber ständig vermischen: revolutionär (politischer Islam in Khomeinischer Prägung und das Dritte-Welt-Denken) und konservativ (Nationalismus, traditionelle Schia). Nicht übersehen darf man auch noch den Anspruch Irans als islamische Führungsmacht – was beim politischen sunnitischen Islamismus, so gerne er sich von der islamischen Revolution 1979 inspirieren ließ, aber gar nicht gut ankommt.

Einschub: Wenn man die tiefe Kluft zwischen Sunniten und Schiiten in der islamischen Welt heute ansieht, fragt man sich, wie der Iran mit der ständigen Zurückweisung der Schia durch die Sunniten fertig wird. Eine Entlastungsstrategie ist natürlich, dass man das Ganze zum westlichen Komplott erklärt, wie es etwa der damalige iranische Außenminister Ali Akbar Salehi in einem Interview mit mir im Sommer 2012 tat. Eine weit verbreitete Meinung bei den iranischen Staatsideologen ist aber auch, dass es an mangelnder Information liege, erstens natürlich, wenn einer kein Schiit, kein Parteigänger Alis, sein will, aber auch, wenn er das iranische System – das ja beileibe nicht alle Schiiten, nicht einmal alle Mullahs im Iran, akzeptieren – zurückweist. Wenn man das von Khomeini geschaffene iranische Konzept der »Herrschaft des Rechtsgelehrten«, nach dem der Rechtsgelehrte den verborgenen Imam bis zu dessen Wiederkehr vertritt, nur gut genug erkläre, dann würden es auch die meisten Sunniten verstehen und annehmen.

Der Iran als Champion der Blockfreien

Die iranische Verfassung gibt den Auftrag, die Rechte aller Muslime und überhaupt aller »Unterdrückten« zu verteidigen – und man weiß, gegen wen, denn gleichzeitig sind Bündnisse mit »imperialistischen Mächten« verboten. Dies setzt sich am deutlichsten im Antiamerikanismus und Antizionismus um, der somit konstituierender Bestandteil der Islamischen Republik ist. Es fragt sich nur immer, was das praktisch bedeutet. Für die Umsetzung dieser Maxime bedient sich der Iran vor allem einmal der Idee – und der Organisation – der Blockfreien. Sie ist für die revolutionär ausgerichtete iranische Außenpolitik so etwas wie die eigentliche Staatengemeinschaft, Irans »Ersatzweltöffentlichkeit« (Posch), in die der Iran nach eigener Vorstellung natürlich bestens integriert und in ihr hoch angesehen ist. Die Realität ist nicht immer ganz so wunderbar, wie etwa im Jahr 2008, als die Unterstützung für die Kandidatur Teherans in den Sicherheitsrat ausblieb. Auch das Blockfreien-Treffen im August 2012, bei dem Teheran den Vorsitz von Ägypten übernahm, verlief nicht friktionsfrei – vor allem wegen der iranischen Unterstützung für das Assad-Regime in Syrien. Aber immerhin bekam Teheran eine Blockfreien-Erklärung als Bestätigung für seine Sichtweise des Atomstreits, nämlich dass ein souveräner Staat das Recht auf seine nukleare Unabhängigkeit habe.

Seinen eigenen Vorgaben folgend müsste der Iran eigentlich eine »permanent revolutionäre Außenpolitik« machen. Das ist aber eben gerade nicht der Fall. Der Wunsch nach der Normalisierung mit den USA ist aus dem iranischen »Grand Bargain«-Vorschlag von 2003 abzulesen, der eine Zusammenarbeit im Bereich Terrorismus, Transparenz im Atomprogramm, vor allem aber auch eine Anerkennung einer Zweistaatenlösung in Palästina skizzierte. Damals wollte die Bush-Regierung nicht auf das vom Schweizer Botschafter in Teheran übermittelte Papier eingehen. 2008 und 2009, als von den USA Signale des Entgegenkommens kamen, ließ hingegen der Iran eine Chance verstreichen. In beiden Fällen, schreibt Posch, hielt der jeweilige Adressat des Angebots dieses für einen Ausdruck der Schwäche.

Immerhin aber stellte Revolutionsführer Ali Khamenei in einer Rede im März 2009 das Problem der Beziehungen zu den USA »erstmals als politischen Interessengegensatz und nicht als ideologische Feindschaft« dar: eine Enttabuisierung der Frage, ob man die Beziehungen zu den USA normalisieren dürfe oder eben unter keinen Umständen. Im Jahr 2013 wurde die Frage aktuell, ob man diesen Weg, der durch die Wahl Rohanis nach Jahren der kontroversiellen Präsidentschaft von Mahmud Ahmadinejad plötzlich offen war, wieder aufnehmen könne und werde. Wenn es den nationalen Interessen dient, dann ist das prinzipiell möglich: Denn auch die Zweckdienlichkeit – maslahat – ist ein Handlungsprinzip iranischer Außenpolitik, das erstaunlich weit ausgedehnt werden kann: Posch erinnert etwa an die Kooperation mit Israel während des Iran-Irak-Kriegs.

Als das größte Hindernis für eine Normalisierung der Beziehungen Irans mit dem Westen galt im vergangenen Jahrzehnt der Atomstreit. Seine »Standhaftigkeit« in der Nuklearfrage – dass der Iran das Recht auf alle Stufen des nuklearen Zyklus für nicht verhandelbar erklärt – versteht Teheran als einen Kampf, den es im Namen der gesamten Zweiten und Dritten Welt führt, woher auch durchaus Unterstützung kommt. Interessant ist Poschs Lesart, dass gerade das zu einer iranischen Fehleinschätzung des Vermittlungsversuchs der Türkei und Brasiliens im Jahr 2010 in der nuklearen Frage führte: Diese Länder waren nämlich nicht, wie von Teheran verstanden, einem antiimperialistischen Bruderland zur Hilfe geeilt, sondern sie wollten sich selbst als moderne Akteure und aufstrebende Mächte auf der weltpolitischen Bühne etablieren, indem sie das schaffen, wo die Europäer und andere versagten. Sie wollten zu den anderen gehören, nicht zum Iran. Es misslang, heute sind die Vermittlungsversuche von einer dritten Seite längst eingeschlafen.

Die Bombe oder nur die »nukleare Kapazität«?

Die große Frage ist, ob der Iran tatsächlich vorhat, wie von vielen befürchtet, eine strategische Parität mit Israel zu erreichen – das ginge nur, indem sich Teheran Atomwaffen anschafft –, oder ob ihm die »nukleare Fähigkeit« genügt, die Iran quasi zur virtuellen Atommacht (wie Japan und Deutschland) machen würde. Was es für Israel so schwierig macht, ist, dass eine iranische Entscheidung, es bei der »Fähigkeit« zu belassen, jederzeit revidierbar wäre: Darum ist es ja so wichtig, eine umfassende und langfristige Lösung zu finden – die jedoch kein Nullsummenspiel sein wird, wie das die israelischen und amerikanischen Falken wollen.

Ein Fragezeichen für die Iraner steht auch mit der Zukunft Syriens im Raum. Was würde ein Sturz des Assad-Regimes für die Iraner bedeuten, beziehungsweise welche Folgen hätte es für die iranische Außenpolitik? Posch schreibt 2013, dass das Zusammenbrechen der »Widerstandsachse« – der Sturz des Assad-Regimes in Syrien und die damit verbundene Isolierung der libanesischen schiitischen Hisbollah – zu einer Pragmatisierung der iranischen Außenpolitik führen könnte: unter der Voraussetzung, dass Teheran in die Transition in Syrien mit eingebunden wäre. Die Hamas, auch eine Stütze des »Widerstands«, war durch den Aufstand in Syrien dem Iran ja schon beinahe verloren gegangen: Sie stand plötzlich auf der anderen Seite, gegen Assad, und wurde auch durch den politischen Aufstieg der Muslimbrüder in Ägypten aufgewertet und anders positioniert (ohne dass sie sich selbst veränderte). Durch den Sturz von Präsident Muhammad Mursi wendete sich das Blatt jedoch wieder: Die Hamas ist zurück in der Isolation, ihre Beziehungen zum Iran scheinen sich wieder zu verbessern. Im Frühjahr 2014 sieht es auch gar nicht mehr nach einem raschen Sturz Assads aus, das kann noch lange dauern – und damit auch die Entscheidung, wohin der Iran in den Beziehungen zur internationalen Gemeinschaft letztlich gehen will.

Der 2003 vorgeschlagene »Grand Bargain« war immer, wie es ja im Namen angelegt ist, »groß«, das heißt, eigentlich an einen modernen Sicherheitsbegriff angelehnt. Er beinhaltete alles, von militärischen Aspekten über Politik bis zur wirtschaftlichen und anderen Arten der Kooperation des Iran mit den USA und dem Westen. Auch die ersten Verhandlungsjahre im Atomstreit liefen nach dem Muster ab, dass der Iran über alles, der Westen jedoch nur darüber sprechen wollte, dass Teheran möglichst schnell sein Uran-Anreicherungsprogramm stoppen solle.

Das hat sich bis zum Jahr 2014 deutlich geändert. Präsident Hassan Rohani bekam 2013 von Revolutionsführer Khamenei ganz eindeutig nur das Potere, über die Atomfrage zu verhandeln, mit der Aufgabe, die Wirtschaftssanktionen loszuwerden. Vieles, was Khamenei neben den laufenden Verhandlungen tat, schien die iranische Bereitschaft zu einer Normalisierung konterkarieren zu wollen: Etwa, als er in seiner Neujahrsansprache wieder einmal den Holocaust herunterspielte. Rohanis Aktionsradius ist extrem eingeschränkt, vor allem dürfte er zwei Dinge nicht leisten können, die immer wieder von ihm verlangt werden: Einfluss auf die iranische Justiz zu nehmen – die tatsächlich seit seinem Amtsantritt Amok zu laufen scheint, die Hinrichtungszahlen sind gestiegen –, und die iranische Politik im Nahen Osten bestimmen zu wollen, Stichwort Syrien.

Darin liegt noch viel Enttäuschungspotenzial, denn die amerikanische strategische Wende, die auf eine Normalisierung mit dem Iran setzt und damit so unterschiedliche Partner im Nahen Osten wie Israel und Saudi-Arabien verärgert, ist natürlich so angelegt, dass am Ende eine Kooperation mit dem Iran in verschiedenen Bereichen stehen sollte. Das heißt, auf eine Lösung im Atomstreit sollte eine der Syrien-Krise folgen. Der Iran unter Ayatollah Ali Khamenei scheint aber zumindest im ersten Halbjahr 2014 noch genau das Gegenteil zu signalisieren: Wir sind bereit zu einem Atomdeal (unausgesprochener Nachsatz: weil wir es müssen), aber das bedeutet keinen umfassenden Politikwechsel. Es wäre also nicht Pragmatismus oder Ideologie, sondern sowohl das eine als auch das andere.

Uran-Anreichern ist nicht wie Kuchenbacken

Der Atomstreit zwischen dem Iran und der internationalen Gemeinschaft zieht sich mittlerweile über ein Jahrzehnt

Grund zum Feiern ist es wahrlich keiner, aber das Jahr 2014 markiert das zehnjährige Jubiläum der Atomverhandlungen im Iran. Das offizielle Gezerre um die damals noch in den Vorarbeiten befindliche iranische Uran-Anreicherung, die von einer Oppositionsgruppe aufgedeckt worden war, begann Ende 2003: Damals einigte man sich auf Verhandlungen, die 2004 aufgenommen wurden. Vor zehn Jahren hieß der iranische Chefverhandler, der Vorsitzende des Nationalen Sicherheitsrates, Hassan Rohani. Seit 2013 ist der pragmatische Mullah, der seinen Wählern und Wählerinnen versprochen hat, den Iran zu öffnen, iranischer Präsident. Mit ihm – und einem immer stärker unter den Wirtschaftssanktionen leidenden Iran – tat sich eine neue Chance auf, den Streit zu lösen. Dazu gehörte aber auch, dass die Verhandler der anderen Seite nicht mehr eine »Null-Lösung« anstrebten, sondern »nur« mehr die größtmögliche Sicherheit, dass das iranische Atomprogramm friedlich bleibt. Der Weg zu den Verhandlungen vom Sommer 2014 und worum es eigentlich ging, wird hier nacherzählt.

P5+1 oder E3+3?

In den ersten Verhandlungsjahren liegt die Begründung, warum der Begriff P5+1, der sich medial für die internationale Verhandlergruppe durchgesetzt hat, eigentlich eine historische und politische Schieflage hat. EU3+3 oder E3+3, das fast nur von europäischen Fachleuten gebraucht wird, trifft es besser. P5 bedeutet »Permanent Five«, also die ständigen fünf Sicherheitsratsmitglieder – und offiziellen Atommächte – USA, Großbritannien, Frankreich, Russland und China. Mit »plus 1« ist Deutschland gemeint. Aber der Ablauf war so: Zu Beginn verhandelten die E3 genannten EU-Staaten Großbritannien, Frankreich und Deutschland mit dem Iran. Ausgerechnet die schwere europäische Spaltung über den Krieg im Irak im Jahr 2003 machte das möglich: Die »Big Three« Europas mussten sich selbst und der Welt beweisen, dass eine gemeinsame europäische Außen- und Sicherheitspolitik weiter das Ziel blieb, und ergriffen die Initiative. Dazu wurde die EU involviert, in der Person des Außenpolitikbeauftragten (zuerst Javier Solana, danach Catherine Ashton). Die USA standen noch außerhalb der Verhandlungen, wenngleich die Politik mit ihnen koordiniert wurde. Später kam – auf dem Weg über die Internationale Atomenergiebehörde IAEA in Wien, zu deren Rolle später – der UNO-Sicherheitsrat ins Spiel, das heißt, zu den bereits verhandelnden ständigen Sicherheitsratsmitgliedern Großbritannien und Frankreich der E3-Gruppe und der EU kamen auch noch die USA, Russland und China. Nach ihrem Einstieg spielten die USA naturgemäß eine große Rolle in den Verhandlungen. Das ist die Geschichte. Da Deutschland ein völlig gleichberechtigter Partner von Frankreich und Großbritannien ist, trifft EU3+3 die Sachlage besser als P5+1, wo Deutschland quasi ein Anhängsel des kompletten Sicherheitsrats ist. Etwas kompliziert, aber so viel Zeit muss sein.

Atomwaffen und zivile Atomtechnologie

Den Inhalt des Atomstreits technisch zutreffend, aber möglichst einfach zu beschreiben, ist gar kein leichtes Unterfangen. Da geht es in erster Linie einmal um das iranische Uran-Anreicherungsprogramm. Der Iran hat den Atomwaffensperrvertrag (NPT: Non-Proliferation Treaty) im Jahr seines Inkrafttretens 1970 ratifiziert: Mit dem Verzicht auf Atomwaffen erwirbt sich ein Land das Recht auf zivile Nutzung der Atomenergie. Auch Uran-Anreicherung fällt im Prinzip unter die gestatteten Aktivitäten: Angereichertes Uran wird zur Erzeugung von Brennstoff für Atomreaktoren benötigt, nicht nur für den Bombenbau. Meist ist das heute für Reaktorbrennstoff verwendete Uran niedrig angereichert (LEU: Low Enriched Uranium), während es für den Bau von Atomwaffen hochangereichertes braucht (HEU: High Enriched Uranium). Aber damit ein Staat sein Recht auf die zivile Atomtechnologie mit dem Segen der internationalen Gemeinschaft genießen kann, gibt es Auflagen, die als Verpflichtungen des Staates gegenüber der in Wien ansässigen Internationalen Atomenergiebehörde (IAEA) formuliert sind: Das betrifft die rechtzeitige Meldung von geplanten und durchgeführten Aktivitäten, Information über geplante Anlagen, die Kontrolle der Aktivitäten, Materialbilanzen (damit nichts für andere Aktivitäten abgezweigt werden kann) und vieles andere mehr. Genau das sind die »Safeguards« der IAEA. Sie sind in einem Vertrag zwischen der IAEA und dem betreffenden Land geregelt.

Das betrifft im Prinzip alle Länder, wenngleich für die P5, die »nuclear haves«, andere Regeln gelten als für nukleare Habenichtse. Und da gibt es auch noch die Gruppe der Staaten, die wohl Anlagen unter IAEA-Safeguards haben, aber den Atomwaffensperrvertrag nicht unterschrieben und die Bombe haben: Indien, Pakistan, Israel (das seine Atomwaffen allerdings nicht deklariert). Früher gehörte auch Südafrika dazu, das erst mit dem Ende der Apartheid auf seine Atomwaffen verzichtet hat und dem NPT beigetreten ist. Und es gibt natürlich auch NPT-Mitglieder, die tricksen: allen voran Nordkorea, das es zu einer Waffe gebracht hat (und 2003 aus dem NPT ausgetreten ist), oder auch früher der Irak und Libyen mit ihren geheimen Waffenprogrammen.

In ihrer klassischen Form waren die Safeguards, als sie von der IAEA beziehungsweise ihren Mitgliedsstaaten entwickelt wurden, ziemlich milde: Kein Land, auch eines ohne böse Absichten, lässt gerne Bürger anderer Staaten in hochsensiblen Industrieanlagen herumschnüffeln. Was die IAEA kontrollieren durfte, war sehr beschränkt, meist handelte es sich nur um spaltbares Material, das heißt, die Inspektoren durften in einer Atomanlage nicht einfach in jede Ecke schauen. Erst als entdeckt wurde, dass manche Staaten schwindelten und dass ihnen das Schwindeln durch die unzureichenden Rechte der IAEA-Inspektoren leicht gemacht wurde – der Anlassfall war der Irak –, verständigten sich die IAEA-Staaten auf strengere Safeguards-Regeln. Das ist das in den 1990er Jahren entwickelte so genannte »Additional Protocol«. Auch das »Additional Protocol« ist ein Vertrag, den jeder Staat mit der IAEA abschließt – freiwillig. Der Iran hat dies getan, im iranischen Parlament wurde das »Additional Protocol« aber nicht ratifiziert. Trotzdem hat sich der Iran eine Zeitlang daran gehalten, später, als sich der Streit mit der internationalen Gemeinschaft verschärfte, nicht mehr.

Wer einmal lügt ...

Das Grundproblem mit der iranischen Uran-Anreicherung ist, dass Teheran seine frühen Aktivitäten eben nicht korrekt und wie vorgesehen der IAEA gemeldet hat – so wurden ja etwa die ersten Modelle der Gaszentrifugen für die Anreicherung vom Iran geheim beim »Vater der pakistanischen Atombombe« A. Q. Khan gekauft. Vom famosen Herrn Khan weiß man, dass er auch noch andere Dinge im Angebot hatte, so hat er dem Irak 1990 ein Atombomben-Design offeriert (die Iraker haben es nicht angenommen, weil sie eine Falle westlicher Geheimdienste befürchteten).

Als 2002 das in seinen Anfängen steckende iranische Uran-Anreicherungsprogramm aufflog, war dies natürlich eine schwere Beschädigung des Vertrauens der internationalen Gemeinschaft in den Iran. Der Zweifel war geboren, ob sich der Iran auch wirklich an den Atomwaffensperrvertrag hält. Die E3 versuchten 2004 erst einmal, den Iran dazu zu bringen, die Uran-Anreicherung bis zur Klärung auf Eis zu legen, und der Iran, unter Präsident Mohammed Khatami und Chefverhandler Rohani, stimmte zu. Das Ziel des Westens war, dass der Iran auf alles, was mit Uran-Anreicherung zu tun hat, verzichtet, der Iran wollte jedoch zumindest ein Programm auf nicht-industriellem Niveau haben. Heute würde man dem mit Freuden zustimmen – aber damals sagte man nein. Die Verhandlungen brachen zusammen. 2005 wurde der Hardliner und Populist Mahmud Ahmadinejad zum Präsidenten gewählt. Man kann getrost sagen, dass der Westen zu seiner Wahl etwas beitrug, indem er seinem moderaten Vorgänger keine außenpolitischen Erfolge vergönnte.

Ab 2006 stellte der – von der IAEA eingeschaltete – UNO-Sicherheitsrat in Resolutionen an Teheran die Forderung, die Anreicherung sofort einzustellen, und verhängte nach und nach Sanktionen und einen Atomboykott. Zusätzliche bilaterale Sanktionen von den USA und der EU kamen schrittweise dazu. Das alles fruchtete nichts, der Iran arbeitete einfach an seinem Programm weiter, mit Erfolg. Die Uran-Anreicherung ist ein enormer technologischer Schritt für ein Land: »Uran-Anreichern, das ist nicht wie Kuchenbacken«, sagte einmal der Chef des irakischen Atomprogramms, Jafar Dhia Jafar, zu mir. Im Laufe der Jahre wurde die iranische Anreicherung (auf 3,5 Prozent) immer mehr ausgebaut. Die Fortschritte waren dabei nicht stetig, Iran hatte am Anfang große technische Schwierigkeiten mit seinen pakistanischen Zentrifugen, aber heute handelt es sich schon um nachfolgende, effizientere Zentrifugengenerationen. Auch der – mutmaßlich aus Israel kommende – Cyberwar-Angriff mit Stuxnet auf die Anreicherungsanlage in Natanz dürfte dem Programm 2010 einen empfindlichen Rückschlag versetzt haben. Aber: Man kann Anlagen beschädigen, Wissen und Können auslöschen, das geht nicht. Später kam der Anreicherungs-Sprung auf knapp 20 Prozent, genau gesagt, auf 19,75 Prozent: Denn 20 Prozent sind die Schwelle vom niedrig (LEU) zum hoch angereicherten Uran (HEU), und die wollte der Iran nicht überschreiten. Aber er könnte es.

Im Jahr 2013, also schon vor den neuen Verhandlungen, wurde das Anreicherungsprogramm unter seiner möglichen Kapazität betrieben: eine Vorsichtsmaßnahme der Iraner, die berühmte »rote Linie« der Israelis nicht zu überschreiten. Sie besteht darin, dass der Iran nicht genügend Uran mit einem Anreicherungsgrad von 20 Prozent auf Lager haben darf, um daraus genügend hoch angereichertes Material für eine Bombe zu produzieren. Die Iraner stellten aus einem Gutteil ihres 20-Prozent-Urans Brennstoff für ihren Forschungsreaktor in Teheran her. Das heißt auch, für eine Bombe ist dieses Material nicht verfügbar, zumindest nicht unmittelbar. Für die Verhandlungen von 2014 stoppte der Iran die 20-Prozent-Anreicherung völlig und verringerte seine Bestände durch Brennstoffherstellung, aber auch Verdünnung.

Während sich also das Uran-Anreicherungsprogramm langsam, aber stetig entwickelte, erhielt die IAEA jedoch zusätzlich nach und nach Informationen mit starken Hinweisen, dass der Iran auch auf Gebieten, die zu einem Atomwaffenprogramm gehören, geforscht und experimentiert hatte. Die Geheimdienste widersprechen einander in der Einschätzung, ob das auch noch nach 2003 der Fall war. Weitgehend einig sind sich jedoch die unabhängigen Experten in der Ansicht, dass eine politische Entscheidung der iranischen Führung, dass der Iran Atomwaffen bauen soll, nicht gefällt wurde. Es geht also für die meisten Experten darum, was der Iran wann »kann«: wann er konkret in der Lage sein wird, alle technischen Aspekte einer Bombe zu meistern und wann er dafür genügend spaltbares Material zur Verfügung haben wird. Die politische Propaganda spricht natürlich von einem existierenden laufenden Waffenprogramm des Iran. Beweise gibt es dafür bisher keine.

Der »Uran gegen Brennstoff«-Deal

Einer Einigung nahe kam man zum ersten Mal 2009/2010. Damals waren die internationalen Verhandler erstmals bereit, von ihrer maximalistischen Forderung nach einem sofortigen totalen Anreicherungsstopp abzuweichen, zumindest für eine Zwischenlösung. Ab Herbst 2009 wurde der so genannte Uran-Deal verhandelt – wobei jedoch die iranische Verhandlungsbereitschaft einmal mehr den Makel hatte, dass zuvor bekannt geworden war, dass der Iran eine kleine, aber feine unterirdische Anreicherungsanlage in Fordo in der Provinz Ghom baute. Bei der internationalen Gemeinschaft war Feuer am Dach: dass dort höher angereichert werden sollte, war unschwer zu erraten. Der Iran rechtfertigte sich für seinen Gang in den Berg mit den Angriffsdrohungen aus Israel. Damals wurde ein Schlag der Israelis gegen die iranischen Atomanlagen für durchaus realistisch gehalten.

Der Vorschlag für den »Uran gegen Brennstoff«-Deal stammte von der IAEA und hatte folgende Basis: Der Iran hat einen (1967 von den USA gekauften) Forschungsreaktor in Teheran (TRR: Tehran Research Reactor), in dem Isotopen für medizinische Anwendungen hergestellt werden. Dieser kleine Reaktor wird (nach einem Downgrading in den 1990er Jahren) mit Brennstäben betrieben, die mit Uran mit einem Anreicherungsgrad von 20 Prozent produziert werden. Sie wurden früher von Argentinien geliefert. 2009 war abzusehen, dass der Brennstoff, wenn der Reaktor mit voller Leistung fährt, 2010/2011 zu Ende geht: Der Iran benötigte also Nuclear Fuel für den TRR – den er aber wegen der Sanktionen auf dem Weltmarkt nicht mehr kaufen konnte. Und damals reicherte der Iran ja noch nicht auf 20 Prozent an.

Der von der IAEO vorgeschlagene Deal lautete deshalb so: Der Iran lässt den Großteil, damals 1200 kg, seines Urans ins Ausland schaffen. Achtung – weil wichtig für später: Der Sinn war, dass zu wenig LEU im Iran verbleibt, um damit theoretisch genügend HEU für eine Bombe herzustellen. Das exportierte 3,5-Prozent-Uran wäre im Ausland auf 20 Prozent angereichert und zu Brennstäben für den TRR verarbeitet worden, die dem Iran wieder zurückgeliefert werden. Das war der Plan.

Das »No go« für den Iran war, dass zwischen der Ausfuhr seines Urans und der Lieferung des Brennstoffs zirka ein Jahr vergangen wäre. So lange hätte die Weiteranreicherung und Herstellung des Brennstoffs gebraucht. Nach iranischer Ansicht bestand die Gefahr, dass man sein Uran hergeben würde, ohne etwas dafür zurückzubekommen – etwa wenn sich dazwischen eine neue politische Krise zwischen Teheran und dem Westen entwickelt hätte. Der Iran versuchte deshalb dahingehend zu verhandeln, dass der Tausch simultan stattfindet: auf der einen Seite das iranische Uran, auf der anderen Seite der (eben nicht aus dem iranischen Uran hergestellte) Brennstoff. Auch Lösungen wie etwa, das iranische Uran treuhänderisch der Türkei zu übergeben, wurden diskutiert.

2010 tendierte ausgerechnet der Gottseibeiuns des Westens, Präsident Mahmud Ahmadinejad, dazu, auf den Deal einzugehen: Er war bereits politisch angeschlagen und hätte aus innenpolitischen Gründen den Erfolg, als Versöhner mit dem Westen dazustehen – im Iran durchaus populär! –, dringend gebraucht. Ahmadinejad als Kompromissler, das war im Westen schon deshalb schwer zu glauben, weil er sich mit der Leugnung des Holocausts und seinen ständigen Tiraden und Drohungen gegen Israel zum Symbol der Bedrohung durch den Iran machte. Aber auch im Iran hatte er seine Kompetenz überspannt. Es ist nicht der Präsident, der über das Atomprogramm entscheidet (und schon gar nicht über eine Atombombe): Diese Macht liegt allein beim religiösen Führer. Ahmadinejad wurde von rechts, aber auch von links, etwa von seinem Gegner bei der umstrittenen Präsidentschaftswahl, Mir Hossein Mussavi, scharf attackiert: Er sei dabei, die nationalen Interessen des Iran zu verkaufen. Tatsächlich hatte Ahmadinejad öffentlich zugegeben, dass der Iran sein ins Ausland geliefertes Uran letztlich ohne Gegenleistung verlieren könnte: Er hatte den Deal als Test für die Glaubwürdigkeit des Westens bezeichnet und seine Landsleute quasi damit getröstet, dass sie ja wieder neues Uran anreichern könnten.

Aus dem Abkommen wurde also nichts. Später versuchten auch noch die Türkei und Brasilien zu vermitteln: Und wieder zeigte Teheran eine Tendenz zum Einlenken. Wie ernsthaft das war, spielte jedoch diesmal wenig Rolle, denn es kam schlicht zu spät. Die Faktenlage war bereits wieder eine gänzlich andere, die den IAEA-Vorschlag in seiner ursprünglichen Form sinnlos machte: Erstens war die Menge des vom Iran produzierten 3,5-Urans bereits viel höher als im Herbst 2009, als die erste Version des Deals vorgeschlagen wurde: Wenn also die 2009 vorgeschlagene Menge von 1200 kg ins Ausland gebracht worden wäre, wäre noch immer genügend

LEU im Iran verblieben, um damit theoretisch genügend HEU für mindestens eine Bombe herstellen zu können. Damit wäre eines der wichtigsten Ziele des Deals hinfällig gewesen.

Aber vor allem hatte der Iran ja in der Zwischenzeit auch noch angefangen, auf knapp unter 20 Prozent anzureichern. Vom selbst produzierten 20-Prozent-Uran wurden auch die ersten Brennstäbe für den TRR hergestellt – denn einzig und allein um den TRR-Fuel sei es immer gegangen, sagte das iranische Regime. Das kann man glauben. Oder auch nicht. Denn natürlich ist der technologische Schritt von 20 Prozent auf waffenfähiges Uran viel kleiner als der von 3,5 Prozent. Deshalb war es für die Verhandler 2014 prioritär, diese Anreicherung auf Dauer wegzubekommen. Der Iran sollte immer eine kalkulierbare Zeit von der Bombe entfernt bleiben.

Der Reaktor von Arak

Bei den Verhandlungen 2014 spielte auch der Reaktor von Arak eine große Rolle. Er hatte in den Jahren zuvor nicht das gleiche Gewicht gehabt wie die Uran-Anreicherung: Er war noch in Bau, aber 2014 näherte er sich der Fertigstellung. Manche Beobachter meinen, Israel würde es nicht so weit kommen lassen, dass er hochgefahren wird – und würde Arak, wie im Jahr 1981 den irakischen Reaktor Osirak, bombardieren. Denn es handelt sich um einen Schwerwasserreaktor, der besonders »günstig« für die Plutonium-Produktion ist – auch mit Plutonium kann man ja Bomben bauen. Allerdings fehlen dem Iran die dazu nötigen Einrichtungen für die Wiederaufbereitung des Plutoniums aus Brennelementen, und Arak steht natürlich unter IAEA-Safeguards. Aber Verhandlungsziel war auf alle Fälle, dass Arak in dieser Form nicht weiter existiert: Man kann den Reaktor umbauen, das wäre zwar sehr kostspielig – auch eine Schwerwasser-Produktionsanlage steht ja schon in Arak –, aber möglich.

Bleiben noch die offenen Fragen nach den Waffenaspekten. Die EU3+3 verlangen – und haben die IAEA damit beauftragt –, dass alle Forschungs- und Entwicklungsaktivitäten, die auf eine militärische Dimension des iranischen Atomprogramms hinweisen könnten, aufgeklärt werden, auch wenn diese Arbeiten schon wieder eingestellt sein sollten. Das ist immer eine heikle Sache: Staaten, die einmal gelogen haben, fürchten, dass sie sich durch Geständnisse, was sie technisch alles erforscht – und vielleicht auch gekonnt – haben, noch mehr in Schwierigkeiten bringen. Ein Problem ist auch, dass die mit einem Atomwaffenprogramm verbundenen Arbeiten auch anderswo als in Atomanlagen stattgefunden haben können – wo die IAEA a priori kein Recht auf Inspektionen hat. Die militärische Anlage von Parchin, die die IAEA sehen will, ist so ein Fall. Der Mangel an Transparenz über vergangene Programme erzeugt jedoch seinerseits wieder den Verdacht, dass es sich eben nicht um Vergangenes handelt, sondern um ein existierendes Programm. Deshalb ist eines sehr wichtig: Wenn vom Inspizierten Kooperation und Transparenz gefordert sind, um das Vertrauen der internationalen Gemeinschaft wieder herzustellen, so muss der Gegenpart – also der Inspizierende oder die internationale Gemeinschaft – seinerseits bereit sein, seine Ziele genau zu definieren und, wenn ein ausreichender Grad an Gewissheit erreicht ist, die Sache auch zu beenden. Aber zu sagen »Es ist genug«, das ist letztlich eine politische Entscheidung, keine technische. Genau das war das Problem bei den Inspektionen im Irak. Am Ende stand der Krieg.

Kissingers Gedächtnislücke

Schon der Schah von Persien wollte ein Atomprogramm,
und auch damals hatten die USA Bedenken

«No Government of Iran official has satisfactorily explained ... Niemand in der iranischen Regierung hat bisher zufriedenstellend erklären können, wie der Iran in den kommenden zwanzig Jahren zusätzliche 23.000 Megawatt Strom absorbieren soll. Aber allein das lebhafte Interesse des Schah an jedem Schritt des Programms zeigt, dass Atomenergie auf der nationalen Prioritätenliste ganz oben steht ...« So kabelt der stellvertretende US-Missionschef in Teheran, Jack Miklos, am 17. Juli des Jahres 1975 nach Washington. In diesem mit »secret« bezeichneten Dokument merkt der Diplomat nüchtern an, dass das Interesse des Schah von Persien, Mohammed Reza Pahlavi, an Atomtechnologie und Plutonium wohl zumindest teilweise damit zusammenhänge, dass sich der US-amerikanische Verbündete die nukleare Option offenhalten wolle, »should the region's balance of power shift toward the nuclear«, sollte der Atom(waffen)zug in der Region abfahren. Vordergründig handelte es sich jedoch um ein riesiges Elektrizitätsprojekt.

Zu dieser Zeit hatte Indien seine Bombe bereits getestet, Israel nach dem arabischen Überfall des Jom-Kippur-Kriegs 1973 den Einsatz seiner Atomwaffen erwogen, in Ägypten gab es noch starke Vertreter der militärischen Atomoption, und Pakistan war auch schon an der Arbeit (bis zum ersten Test sollte es jedoch noch dauern).

1975 hatte der Herrscher auf dem Pfauenthron bereits gelernt, dass es sogar für ihn eine Sprachregelung gab. Nach der
indischen »friedlichen nuklearen Explosion« im Mai 1974 –
von der US-Präsident Richard Nixon, drei Monate vor seinem
Rücktritt, völlig überrascht worden war – hatte der Schah in
einem Interview mit dem französischen Magazin »Les In-
formations« am 23. Juni auf die Frage, ob sich der Iran die
Atombombe anschaffen werde, noch entwaffnend ehrlich geantwortet: »Zweifellos, und früher als man glaubt.« Die Relati-
vierung durch die iranische Botschaft in Paris folgte auf dem
Fuße, »HIM (His Imperial Majesty)« habe gemeint, dass der
Iran nicht daran denke, Atomwaffen zu bauen, aber seine Politik revidieren könnte, sollten es andere Nichtatomwaffenstaaten tun. In einem Interview mit »Le Monde« am nächsten
Tag nannte der Schah das atomare Wettrüsten »lächerlich«.

Wozu Atomstrom in einem ölreichen Land?

Fast 40 Jahre später sind wir mitten im Streit um das Atomprogramm der Islamischen Republik Iran, des »Mullah-Regimes«, wie es in den Medien heißt – was den willkommenen
Nebeneffekt hat, dass so die iranischen nuklearen Ambitionen automatisch in die Nähe von »islamisch« rücken und
weg von Sicherheits- oder auch Hegemoniefragen, wo sie zu-
treffender anzusiedeln wären. Damals wie heute sahen die
Iraner den Besitz von Atomtechnologie als einen legitimen
nationalen Anspruch an. Aber wie war das »damals« wirklich?
Unterschiedliche Behauptungen über die Vergangenheit ver-
nebelten während der letzten Jahre die Diskussion über die
Gegenwart, wobei auch damalige Akteure zur Verwirrung
beitrugen, wie zu sehen sein wird.

Verschiedene Fragen sind möglich. Erstens: Was wollte
der Schah wirklich und warum? Nicht leicht zu beantworten.

Zweitens, und für die Gegenwart relevanter: Wie gingen die USA mit den Wünschen des Schah um, was spielte sich hinter den Kulissen ab, bis 1978 ein Vertrag – der dann nie unterschrieben werden sollte – ausgearbeitet war, unter dem die US-Firmen General Electric und Westinghouse dem Iran in den kommenden Jahren acht Reaktoren hinstellen sollten. Und auch in Deutschland und Frankreich kaufte Teheran ja Nukleartechnologie. Gab es keinerlei Bedenken, dass aus dem zivilen Programm ein militärisches werden könnte, wie es Indien vorgemacht hatte, das Kanadas nukleare Zusammenarbeit ausgenützt hatte? Oder wie Israel?

Hilfe beim Weg aus der – vielleicht manchmal politisch gewollten – Geschichtsvergessenheit kommt wie so oft aus den USA. Im Rahmen des Nuclear Documentation Project des National Security Archive der George Washington University hat sich der Historiker William Burr mit den amerikanisch-iranischen Atomverhandlungen in den 1970er Jahren beschäftigt und etliche Dokumente veröffentlicht und analysiert.[21] Um es gleich vorwegzunehmen: Die USA steigen dabei durchaus ehrbar aus, was ihre damaligen »proliferation concerns«, die Sorge vor der Verbreitung von Atomwaffen, betrifft. Es ist keine Rede davon, dass, wie es oft heißt, die US-Regierungen Richard Nixon, Gerald Ford und Jimmy Carter dem (zunehmend aus dem Takt geratenden) Verbündeten in Teheran alles gegeben hätten, was er nur wollte – und es auch zufrieden gewesen wären, vielleicht sogar begrüßt hätten, wenn der Schah, das Bollwerk gegen den Kommunismus in der Region, in den Besitz von Atomwaffen gelangt wäre. Die freigegebenen Dokumente widersprechen dem eindeutig.

Wie kommt es zu diesen Behauptungen? Vom eingangs zitierten Kabel ist abzulesen, dass die USA 1975 die gleiche Frage stellten, die von jenen, die heute das iranische Uran-Anreicherungsprogramm bekämpfen, als Hauptargument benützt wird: Wozu braucht ein Land, das so viel Öl hat, überhaupt Atomenergie? Im Unterschied zu heute ließen sich jedoch in den 1970ern die USA von den iranischen Gründen »überzeugen«. Da waren wohl die guten Geschäfte ausschlaggebend und natürlich auch die Beruhigung, dass es sich um einen Alliierten handelte.

An der Mär, es habe damals keine Proliferationsbedenken gegeben, hat ausgerechnet einer der Hauptbeteiligten kräftig mitgestrickt: Henry Kissinger, Nationaler Sicherheitsberater von 1969 bis 1973, danach bis 1977 Außenminister. Er gab im März 2005 auf die Frage der »Washington Post«-Journalistin Dafna Linzer die vielzitierte Antwort: »Ich denke nicht, dass über das Thema Proliferation geredet wurde«, damals, während der Atomverhandlungen mit dem Iran in den 1970er Jahren. Linzer hatte Kissinger danach gefragt, weil dieser kurz zuvor, ebenfalls in der »Washington Post«, einen Kommentar geschrieben hatte, in dem stand: »Für einen großen Ölproduzenten wie den Iran ist Atomenergie eine Ressourcenverschwendung.« Aha, für den Mullah-Iran schon, und für den Schah-Iran nicht? Wobei die Sache noch schöner wird, wenn man bedenkt, dass die Herren Dick Cheney, Donald Rumsfeld (von Nixon als »ruthless little bastard«, skrupelloser kleiner Bastard, bewundert) und Paul Wolfowitz damals allesamt schon gute Positionen innehatten und von ihnen aus jener Zeit kein »Iran braucht das nicht« überliefert ist, wie sie es 30 Jahre später predigen sollten.

Daraus zu schließen, die USA hätten nicht daran gedacht, dass der Zugriff Teherans auf Atomwaffen verhindert werden müsse, ist trotzdem falsch. Die jetzt freigegebenen Dokumente widersprechen Kissinger, von dem folgendes Zitat aus dem Jahr 1977 aufgetaucht ist: »Wir sollten Himmel und Erde in Bewegung setzen *(um die Verbreitung von Atomwaffen zu verhindern, Anm.)*. Auch wenn wir nur zehn Jahre gewinnen, ist es das wert.«

Aber warum sagt Kissinger dann 2005, dass nicht einmal darüber geredet wurde? Strenggläubige Oral-History-Anhänger, die meinen, es genüge, einem sogenannten »Zeitzeugen« ein Mikrofon vor die Nase zu halten, um die historische »Wahrheit« zu erfahren, werden enttäuscht von William Burrs Interpretation sein, die er im Telefongespräch mit mir offerierte: »Ich glaube, er hat es einfach vergessen.« Fürwahr die wahrscheinlichste Erklärung, wenn man bedenkt, dass Kissinger allerbeste Figur gemacht hätte, wenn er 2005 wahrheitsgetreu zu Linzer gesagt hätte: »Wir haben uns damals Sorgen gemacht, und wir machen sie uns heute.«

Aber wie gesagt, die Sorgen der USA reichten nicht aus, um sich nicht von den iranischen Argumenten überzeugen zu lassen. Anfang der 1960er Jahre gab es im Iran etwa eine halbe Million Stromanschlüsse, Mitte der 1970er waren es bereits zwei Millionen. Ein rasanter Bevölkerungszuwachs, eine forcierte Entwicklung und dazu nicht erneuerbare, schnell schwindende Energiequellen ließen die Hinwendung zur Atomenergie für manche logisch erscheinen. Und so taucht es dann auch folgsam in einem US-Bericht auf: Iran bereite sich eben auf andere Zeiten vor, in ungefähr »15 Jahren, wenn die Ölproduktion drastisch abnehmen wird« (das wäre demnach 1990 gewesen). Das musste man verstehen, und das Verständnis hatte den angenehmen Nebeneffekt, dass gute Geschäfte in Aussicht standen. Auf 6,4 Milliarden Dollar lautete der spätere Vertrag.

Ob Israel, selbst seit den späten 1960ern Atomwaffenstaat, mit all dem Freude gehabt hat? Gewiss nicht, sagt Burr. Aber auch da kann die Sorge nicht determinierend für den Umgang mit Teheran gewesen sein. Sonst wäre schwerlich eine iranisch-israelische Zusammenarbeit bei der Herstellung der modifizierten israelischen Jericho-Rakete (Project Flower), die zur Ausstattung mit nuklearen Sprengköpfen taugte, diskutiert worden, bei einem Treffen im Juli 1977 zwischen Israels Verteidigungsminister Ezer Weizmann und dem iranischen Vizekriegsminister Hasan Toufanian. Heute ist ja die iranische Raketenentwicklung für viele Militäranalytiker ein mindestens ebenso sprechender Hinweis auf die iranische Lust auf Atomwaffen wie das iranische Atomprogramm selbst (ebenso ist es im Fall Nordkorea).

Israels Atomprogramm

Wenn schon Israel aufs Tapet kommt, soll erwähnt werden, dass die USA auch über die israelische Atombewaffnung keineswegs erfreut gewesen waren. Für die USA stellte sich laut Burr in den 1960er Jahren – einer Zeit, in der man versuchte, Atomwaffenstaaten und Nichtatomwaffenstaaten in ein Regelwerk einzubinden, den späteren Atomwaffensperrvertrag – auch folgende Frage: Wenn die USA das kleine Israel nicht beeinflussen konnten, sich keine Atomwaffen anzuschaffen, wie sollten sie dann die Deutschen und andere Nationen überzeugen, darauf zu verzichten? Andererseits, bei Israels Geschichte und der damaligen Gegenwart – der ständigen Bedrohung durch die arabischen Staaten – war der Abschreckungswunsch nur zu verständlich.

Die Regierungen von John F. Kennedy und Lyndon B. Johnson versuchten dennoch, mit einem ausgeklügelten Inspektionsschema zu verhindern, dass Israel in seinem Reaktor in Dimona seine eigenen militärischen Wege ging. Vergeblich. Kurzfristig wurden in Washington noch Druckmittel überlegt, zum Beispiel, die Lieferung von F-4-Kampfjets an Israel »zu überdenken«. Heute geht man davon aus, dass Israels Ministerpräsidentin Golda Meir US-Präsident Richard Nixon im September 1969 bei einem Gespräch vom Faktum der israelischen Atombewaffnung informierte. Die Sprachregelung danach war, dass Israel nicht als erstes Land im Nahen

Osten Atomwaffen »einführen« (introduce) würde. Das ist etwas anderes als besitzen. So kam es zur israelischen Doktrin der nuklearen Ambiguität: Israel hat Atomwaffen, aber deklariert sie nicht.

Angst vor Bomben und aggressiven Regimen

Zurück zum Iran, fünf, sechs Jahre später. Das Bewusstsein in Washington, wie heikel eine nukleare Zusammenarbeit mit Teheran sein würde, war hoch. Da war zuerst einmal die Optik: Nach den schlechten kanadischen Erfahrungen mit Indien würde es so aussehen, als ob die USA eine ähnliche Situation im Iran in Kauf nähmen. Und die US-Hilfe für Teheran würde Pakistans nukleare Ambitionen auch eher antreiben als bremsen. Selbst wenn die USA später vom schnellen Verlauf der Islamischen Revolution 1979 überrascht wurden – Präsident Jimmy Carter hatte Ende Dezember 1977 bei seinem Staatsbesuch in Teheran den Iran immerhin noch eine »Insel der Stabilität« genannt –, so gab es dennoch bereits 1974 ganz spezifische Sicherheitsbedenken. Sie könnten aus der heutigen Pakistan-Diskussion stammen: »Heimische Dissidenten oder ausländische Terroristen könnten leicht in Besitz von im Iran befindlichem, speziellem Atommaterial kommen und es in Bomben benützen«, zitiert Burr ein Dokument von damals.

Oder: »Ein aggressiver Nachfolger des Schah könnte Atomwaffen für das geeignete Instrument halten, um Irans totale militärische Dominanz in der Region zu etablieren.« Daraus ist jedoch nicht abzulesen, ob der US-Außenministeriumsbeamte, der das 1974 schrieb, an einen Putsch oder an einen wild gewordenen dynastischen Erben des Schah dachte. Die »aggressiven Nachfolger« von 1979 hatten sich jedenfalls erst einmal ihrer Haut zu wehren, nach dem irakischen Überfall auf den Iran, der im Westen nicht unzufrieden hingenommen wurde. Die hegemonialen Möglichkeiten des Iran bekamen erst 2003 ernsthaften Auftrieb: nachdem die USA im Nachbarland Irak Saddam Hussein gestürzt hatten.

Die Sorgen 1975 betrafen aber sehr wohl auch die Absichten des Schah selbst. Als die Techniker vom Oak Ridge National Laboratory die Pläne zu Gesicht bekamen, die der Iran für sein Esfahan Nuclear Technology Center vorlegte, läuteten bei ihnen die Alarmglocken: Das war eine Anlage, die so groß und so gut ausgestattet sein sollte, dass Plutoniumwiederaufbereitung dort zweifellos technisch machbar war (damals ging es um Plutonium, das aus dem Reaktorbetrieb gewonnen und wiederaufbereitet hätte werden können, nicht wie heute um Uran-Anreicherung). Also kam die US-Administration zum Schluss: Atomkraftwerke ja, aber mit strenger US-Kontrolle darüber, was der Iran mit dem Plutonium macht, worauf aus Teheran genau jene Töne kamen, die uns heute zur Uran-Anreicherung geläufig sind: »Iran hat das volle Recht, selbst zu entscheiden etc.« Das Gezerre konnte beginnen.

Der Schah sah sich dabei US-Administrationen gegenüber, die nacheinander immer Non-Proliferation-bewusster wurden. Richard Nixon, der Verbündete des Iran ohne Wenn und Aber, wurde im August 1974 von Gerald Ford abgelöst, der die Verhandlungsposition mit dem Iran entwarf: Es ging darum, die guten Beziehungen – und die guten Geschäftschancen – zu wahren, jedoch dem Iran Auflagen zu verordnen, die genügend streng waren, dass der Kongress einen Deal mit Teheran akzeptieren würde. In der Praxis lief alles auf ein amerikanisches Vetorecht darüber hinaus, was der Iran mit seinen gebrauchten Brennstäben machen konnte. Den iranischen Einwänden, man werde als Staat »zweiter Klasse« behandelt, was das Recht auf Nukleartechnologie betrifft – und das ist die gleiche Klage wie heute – , setzten die

USA entgegen, dass es sich um einen »neuen Standard« zukünftiger Kooperationsabkommen auch mit anderen Ländern handelte.

Interessant sind die damaligen Diskussionen um multinationale Modelle von Wiederaufbereitung, mit dem Ziel, sie nicht allein in den Händen des Iran zu lassen. Dabei wurde – strategisch-intellektueller Super-GAU – übrigens auch eine iranisch-pakistanische Variante angedacht. Dabei musste damals schon ziemlich klar sein, dass Pakistan dem indischen Beispiel folgen würde. Aber abgesehen davon: Die Debatte über »Konsortien«, die reaktorbetreibenden Ländern Nuklearbrennstofflieferungen garantieren – und damit die Brennstoffproduktion aus den einzelnen Ländern wegbringen sollen –, gibt es heute wieder.

Die Verhandlungsposition wurde von Kissinger im National Security Decision Memorandum am 22. April 1975 ausformuliert, kurz danach begannen die Gespräche. Die USA bestanden auf ihr »stilles Veto« – in dem Sinn, dass sie mit allen Formen einer Wiederaufbereitung des Plutoniums einverstanden sein mussten. Neben multilateralen Lösungen war auch »buy back« eine Option: Die USA würden abgebrannte Brennelemente zurücknehmen und dafür bezahlen oder frische liefern. Das ist heute Standard. Teheran wollte hingegen mehr Unabhängigkeit in seinen Entscheidungen und berief sich auf seine Rechte unter dem Atomwaffensperrvertrag. Man wolle sich nicht von »nuclear-have nations« – Atommächten – die Bedingungen vorschreiben lassen. Und als sich die iranische Front etwas aufzuweichen schien, stand in den USA bereits der Präsidentschaftswahlkampf vor der Tür. Die Kritik des Herausforderers Jimmy Carter an Fords Non-Proliferation-Politik zwang diesen zu einer noch strengeren Linie. Die Verhandlungen stockten.

Carter war dann tatsächlich derjenige, der den Deal nach Hause brachte: Der Schah hatte zuvor explizit versichert, kein Interesse mehr an Wiederaufbereitung zu haben. In Washington glaubten ihm das nicht alle. Aber jetzt war es nun einmal so: Die USA würden dem Iran Reaktoren liefern, mit genügend Auflagen, um ein militärisches Programm auszuschließen. Der Vertrag, fertig im Sommer 1978, wurde jedoch nicht mehr unterzeichnet. Die Vorläufer der Revolution waren jetzt unverkennbar: Der Umsturz kam schnell, im Januar 1979 verließ der Schah den Iran, im Februar wurde die Revolution islamisch. Das war nur wenig mehr als ein Jahr, nachdem der erste US-Präsident der Geschichte die Silvesternacht außerhalb des Weißen Hauses verbracht hatte – ausgerechnet in Teheran. Damit galt das Verhältnis zwischen Carter und dem Schah als repariert, hatte dieser doch während des US-Wahlkampfs ganz unverhohlen seine Sympathien für den Republikaner Ford gezeigt, und nicht nur wegen der Erwartung, mit diesem leichter einen Atomdeal zu erreichen.

Mit dem islamischen Iran wollten sie dann allesamt nichts mehr zu tun haben. Auch die Franzosen und Deutschen stiegen sofort aus ihren Verträgen aus: ohne ihren rechtlichen Verpflichtungen nachzukommen oder bereits getätigte iranische Zahlungen zu refundieren, wie man in Teheran auch heute noch immer wieder hören kann. Und nach dem »Saure-Trauben-Prinzip« war fortan im Iran erst einmal alles Atomare ein »Teufelswerk«. Was sich aber nicht änderte: wachsende Bevölkerung, schwindendes Öl, Bedarf an Devisen. Präsident Ali Akbar Hashemi Rafsanjani unterzeichnete 1989 einen Vertrag mit der Sowjetunion, die den von den Deutschen vor 1979 begonnenen Reaktor in Bushehr fertigbauen sollte. 2011, zweiunddreißig Jahre nach der Revolution, ging er ans Netz, betrieben mit überteuert eingekauftem russischem Brennstoff. Den eigenen Brennstoff herzustellen war und ist das deklarierte Ziel der iranischen Uran-Anreicherung, über die im Sommer 2014 wieder verhandelt wurde.

Die Argumente für das iranische Programm sind so ziemlich die gleichen wie jene des Schah in den 1970er Jahren. Die Fragen von außerhalb auch.

Das Orakel von Osirak

1981 zerstörten israelische Kampfjets einen
irakischen Forschungsreaktor – aber stoppten
sie wirklich ein Atomwaffenprogramm?

Mehr als dreißig Jahre danach werden sie wieder ausgegraben, die Reste von Osirak. Natürlich nur metaphorisch: Die Bombardierung des irakischen Forschungsreaktors durch die israelische Luftwaffe im Juni 1981 wurde plötzlich wieder aktuell, im Zuge der Debatte über einen möglichen israelischen Angriff auf die iranischen Atomanlagen.

Dass das aus militärischer Sicht zwei völlig unterschiedliche Szenarien sind, ist jedem klar: Tuwaitha bei Bagdad, wo der irakische Reaktor lag, war, verglichen mit den Zielen im Iran, für die israelische Luftwaffe ein Spaziergang, auch was die Entfernung betrifft. Und im Iran handelt es sich um mehr als um eine einzelne, quasi auf dem Präsentierteller liegende Anlage, ein mittelgroßer Reaktor, der noch nicht einmal in Betrieb war.

Aber die militärische Dimension ist hier nicht das Thema, auch nicht die rechtliche. Es geht hier um die prinzipielle Frage, ob sich ein Land von einem Militärschlag aufhalten lässt, ein Atom(waffen)programm zu verfolgen. Wenn man dem israelischen Narrativ folgt, stoppte Israel mit dem Angriff 1981 ein irakisches Programm zur Gewinnung von Plutonium – und damit den Bau einer Atombombe. Abseits davon lautet die Frage allerdings so: Welche Auswirkungen hatte der israelische Angriff auf die Entwicklung des irakischen Nuklearprogramms, und kann man daraus irgendwelche Schlüsse für die vom iranischen Atomstreit beherrschte Gegenwart ziehen?

Dazu muss man sich den Status des irakischen Atomprogramms im Jahr des Angriffs, 1981, näher ansehen. Bis 2003 – dem Jahr der US-Invasion im Irak und dem Sturz Saddam Husseins – war die Behauptung, dass durch die Zerstörung Osiraks die irakische Atombombe verhindert oder verzögert wurde, nicht wirklich angreifbar: Zwar hatte man durch die Inspektoren der Internationalen Atomenergiebehörde (IAEA) nach dem Golfkrieg von 1991 eine sehr gute Kenntnis des irakischen Atomprogramms. Ob diese aber wirklich komplett war – oder ob nicht doch noch ein Geheimnis in den Schubladen irakischer Atomwissenschaftler schlummerte –, konnte niemand mit letzter Gültigkeit behaupten.

Heute, mehr als ein Jahrzehnt nach dem Sturz Saddams, kann man mit an Sicherheit grenzender Wahrscheinlichkeit sagen, dass keine relevanten Details mehr fehlen. Etliche irakische Atomwissenschaftler haben Bücher geschrieben – und damit ist nicht das des berühmt-berüchtigten angeblichen Atomwaffenbauers Khidhir Hamza gemeint, eines nützlichen Idioten vor dem Krieg 2003, auf den die Journalisten auch noch abfuhren, als er längst als Schwindler entlarvt war. Wir haben auch den Endbericht jener Inspektoren, die die USA 2003 nach der Invasion als Massenvernichtungswaffensucher in den Irak schickten. Dass da 2003 nichts war, was einen Krieg gerechtfertigt hätte, hat sich ja herumgesprochen. Die Antwort auf die Frage, was nun eigentlich 1981, zur Zeit des israelischen Angriffs, gewesen ist, ist hingegen nicht öffentlichkeitswirksam.

Um die Antwort vorwegzunehmen: Es gab 1981 im Irak tatsächlich kein Plutoniumgewinnungs- oder Atomwaffenprogramm im formalen Sinn, mit einer Organisation, einem Budget, einem Arbeitsplan, einem Chef und vor allem einem offiziellen Auftrag, das die Israelis wegbombten. Die politische Absicht Saddam Husseins, sich um eine Atomwaffe zu bemühen, mag vorhanden gewesen sein, der Umsetzungsbefehl fiel jedoch – nach dem israelischen Angriff.

Die norwegische Expertin Målfrid Braut-Hegghammer hat sich mit der Frage nach dem Beginn des irakischen Atomwaffenprogramms befasst. Sie schreibt, der israelische Angriff auf Osirak habe die Gelegenheit für die »Iraqi nuclear entrepreneurs« – gemeint ist vor allem die Wissenschaftlergemeinschaft – geschaffen, Saddam Hussein vom Start eines Atomwaffenprogramms zu überzeugen.«[22] Und Jacques E. C. Hymans, der sich in seinem letzten Buch unter anderem auch mit dem irakischen Atomprogramm befasst, schreibt: »Die Jahre nach dem israelischen Angriff waren so etwas wie ein Goldenes Zeitalter für das irakische Atomprogramm.«[23]

Die Sache ist jedoch natürlich um einiges komplizierter als »vorher nichts, nachher alles«. Braut-Hegghammer spricht davon, dass der Irak Ende der 1970er Jahre wohl dabei war, in ein Atomwaffenprogramm zu »driften«. Das irakische Nuklearprogramm war sozusagen als ein Programm mit offenem Ende angelegt. Nicht zuletzt unter dem Eindruck des aufstrebenden Atomprogramms von Schah Reza Pahlavi im Iran hatte der Irak begonnen, seinen eigenen nuklearen Aktivitäten viel Aufmerksamkeit und Ressourcen zuzuwenden. Dazu gehörte auch der Erwerb des französischen Forschungsreaktors vom Typ Osiris, den die Israelis 1981 zerstörten. Der Name Osirak ist eine Kombination aus Osiris, dem Reaktortyp, und Irak. Die Iraker nannten ihn Tammuz 1, nach dem Monat der Machtübernahme der Baath-Partei im Jahr 1968.

Laut einigen Proliferationsexperten dürfte übrigens auch Israel zu jenen Ländern gehört haben, in denen ein Atomwaffenprogramm aus einem zivilen Atomprogramm entwickelt wurde, ohne dass dem eine explizite Absichtserklärung vorausgegangen wäre. Es reichte ein stilles Einverständnis. Die

Israelis waren also durchaus mit besonderen Fähigkeiten ausgestattet, Zeichen im Irak zu deuten, etwa dass der Irak ein besonderes Interesse an Technologien rund ums Plutonium zeigte. Dass innerhalb einer Organisation, in diesem Fall der irakischen Atombehörde, ein spezielles Programm nicht groß annonciert wird, kann erst recht ein Hinweis auf dessen Wichtigkeit sein. Diese »compartmentalization« (Bereichsbildung) ist ganz typisch, nur ganz wenige haben den Überblick. Chef des kleinen irakischen Plutonium-Aufbereitungsprogramms (auf Labor-Niveau), um das es hier geht, war der aktuelle Vizepremier des Irak, Hussein al-Shahristani. Auch er konnte kein konkretes Material liefern, das die Absichten Saddams vor 1981 belegte. Es gibt wohl keines.

Nicht nur das »Driften«, das Gleiten eines Landes in ein Waffenprogramm, kann man sich als Prozess ohne genau feststellbaren Beginn vorstellen: Gerade der Irak ist ein Beispiel dafür, dass auch der Ausstieg ähnlich verlaufen kann. Zwar gab es ein Ende, mit Bomben und Granaten: Das war der Golfkrieg 1991. Danach versuchte der Irak, das wahre Ausmaß seiner nuklearen Aktivitäten zu verschleiern: bestimmt nicht nur in der Hoffnung, die UNO-Sanktionen wieder loszuwerden, ohne viele peinliche Fragen beantworten zu müssen, sondern auch in der Absicht oder Erwartung, das Programm irgendwann einmal neu starten zu können. Das heißt, mental hatte der Irak sein Programm 1991 und danach noch nicht abgeschlossen. Aber als sich die Sanktionsschraube nicht lockerte, starb die Absicht, das Programm wieder aufzunehmen, ab – ohne dass je ein irakischer Offizieller dies auch nur intern deklariert hätte. Es war einfach aus: Sogar nach 1998, als die IAEA-Inspektoren aus dem Irak abgezogen waren (bis 2002), wurde keinerlei Versuch gemacht, das Atomprogramm wieder aufleben zu lassen. Es war tot.

Der Weg zum Angriff

Zurück in die Zeit vor dem israelischen Angriff auf Osirak: Ende der 1970er Jahre haben also beide, Iran und Irak, beides autoritäre Staaten, ein wachsendes Interesse an Atomtechnologie, und beide sind zu diesem Zwecke in offizielle internationale Kooperationen eingebunden. Der Unterschied: Der Iran ist ein Verbündeter der USA und Säule ihrer Nahostpolitik, der Irak hingegen ist ein aggressiver Unterstützer antiisraelischer Politik und von Terrorismus. 1979 bringt die Revolution im Iran das Khomeini-Regime an die Macht. Die internationale Kooperation auf nuklearem Feld mit Teheran wird eingestellt.

Aber auch Saddam Hussein verfolgt nicht etwa sein Atomprogramm nun umso aggressiver, als ihm im Nachbarland mit dem religiös-schiitischen Regime ein echter Feind erwachsen ist: Die Prioritäten sind andere, der ressourcenfressende Krieg mit dem Iran ist eine Realität, in der nukleare Träume – mehr ist es ja noch nicht – keine wirkliche Rolle spielen. Dennoch werden natürlich der bereits gekaufte französische Reaktor und andere Einrichtungen in Tuwaitha weitergebaut. Die Franzosen schlagen den Irakern kurz vor der Fertigstellung von Osirak vor, den Reaktor vom ursprünglich vorgesehenen Brennstoff (Uran mit 93 Prozent Anreicherungsgrad) auf »Caramel«-Brennstoff von neun Prozent, also weit weniger proliferationsrelevant, umzustellen. Mit dem Argument, dass die Produktion von Caramel noch in einer Anfangsphase stecke, lehnen die Iraker ab: Ein guter Grund mehr für das israelische Misstrauen.

Schon zuvor hatte eine Serie von Attacken gegen mit dem irakischen Atomprogramm assoziierte Personen und Einrichtungen begonnen – Atomwissenschaftler starben ungeklärte Tode, im April 1979 wurden der lieferbereite Reaktorkern für Osirak bei Toulon in Frankreich sabotiert und zerstört. Im September 1980 – der iranisch-irakische Krieg lief an – griffen iranische Kampfjets das Reaktorgebäude in Tuwaitha an, der Schaden war jedoch nicht sehr groß.

Die Konfrontation mit dem Iran hatte im Irak jedoch auch innenpolitische Folgen, die das Atomprogramm ins Herz trafen. Anfang Dezember 1979 wurde Generaldirektor Shahristani verhaftet, wegen angeblicher religiöser schiitischer Aktivitäten gegen das Regime Saddams. Und hier betritt der spätere Chef des gesamten irakischen Atomprogramms unsere Bühne: Jafar Dhia Jafar, der erstens nicht glauben will, dass Shahristani ein religiöser Aktivist ist, und zweitens glauben will, dass er diesem helfen kann. Er besucht Shahristanis Frau und beginnt, Saddam mit Eingaben zugunsten Shahristanis zu bombardieren. Die Antwort kommt bald: Mitte Januar 1980 wird Jafar selbst verhaftet und schimmelt erst einmal ein paar Monate in einem Gefängnis dahin.

Laut Jafars Erzählung tritt zuerst der Halbbruder Saddam Husseins, Barzan Ibrahim al-Tikriti (gehängt 2007, ein paar Monate nach Saddam), mit dem Wunsch Saddams an Jafar heran, eine Bombe zu bauen: im Sommer 1980, also vor dem Angriff auf Osirak. Jafar stimmt prinzipiell zu, während Shahristani, dem etwa zur gleichen Zeit die gleiche Frage gestellt wird, ablehnt. Dann jedoch passiert wieder rein gar nichts: Jafar wird vom Gefängnis in Hausarrest transferiert, aber das ist alles. Er liest Bücher über Uran-Anreicherung und wartet. Es kommt jedoch nicht der Startbefehl Saddams – sondern im Juni 1981 der israelische Angriff, der den Forschungsreaktor Osirak zerstört, kurz bevor dieser in Betrieb gehen soll.

Der Start des Atomwaffenprogramms

Aus Braut-Hegghammers Artikel ist zu schließen, dass danach Jafar selbst an Saddam schrieb, »dass ein Atomwaffenprogramm nötig ist, wenn der Irak weiter nach Atomkraft streben will«. So kommt sie auch zum Schluss, dass die Atomwissenschaftler eine treibende Kraft waren, die dem bereits vorhandenen politischen Willen quasi auf die Sprünge half. Eine der Folgen des israelischen Angriffs war in der Tat, dass irakische Wissenschaftler, empört über den israelischen Angriff auf ihr – ihnen laut Atomwaffensperrvertrag (NPT, Non-Proliferation Treaty) zustehendes – Recht auf zivile Atomtechnologie, ins Atomprogramm strömten, dafür sogar aus dem Ausland zurückkamen. Jafar vertrat 1981, aber auch später die Ansicht, dass der Irak nach dem israelischen Angriff den Atomwaffensperrvertrag verlassen hätte sollen: Wozu war er denn noch nutze? Aber wie man weiß, trat der Irak nicht aus dem NPT aus – sondern ging stattdessen mit seinen nuklearen Aktivitäten in die Klandestinität und verfolgte seinen Weg zur Bombe nicht auf dem Plutoniumpfad, wie die Israelis angenommen hatten, sondern auf dem der Uran-Anreicherung. Und der israelische Geheimdienst versank für ein paar Jahre im Schlaf: Auf die Überschätzung folgte die Unterschätzung.

Am 1. September 1981 wurde Jafar also laut eigenen Schilderungen zu Saddam Hussein gebracht, der ihm mitteilte, dass der Irak in Zukunft eine »starke Abschreckung« brauche, um »die israelische Aggression abzuhalten«. Dazu kam auch noch ein pathetisches »Geben Sie diesem Mann *(Saddam Hussein, Anm.)*, was er zum Wohle seines Landes will« vonseiten Saddams Halbbruder Barzan. Und dann ging es los, wobei allerdings die Waffenaspekte erst ab 1987 bearbeitet wurden. Bis dahin ging es nur um Anreicherung.

Das Programm entwickelte sich sehr zäh und langsam und übrigens ohne Druck von Saddam Hussein, treibende Kraft wurde später sein Schwiegersohn und Rüstungsminister, Hussein Kamel. 1991, am Vorabend des Golfkriegs, war der Irak zwar viel weiter, als die internationale Gemeinschaft gewusst hatte – die entsprechend schockiert war. Aber bis zu einer Anreicherung auf industriellem Niveau und gar zu einer Waffe hätte es auch nach 1991 noch gedauert. Die Gründe dafür, warum so ein Programm in einem neopatrimonialen Staat wie Saddams Irak so schlecht funktioniert, sind bei Hymans gut nachzulesen: Auch Jafar war dessen typischer Vertreter, und manche irakische Wissenschaftler werfen ihm bis heute vor, dass er Jahre mit einem ehrgeizigen Plan vergeudete, die damals schon veraltete Anreicherungstechnologie Emis (Electromagnetic Isotope Separation) des amerikanischen Manhattan-Projekts zum Bau der Hiroshima-Bombe zu verbessern.

Ob die Iraker, wenn sie es darauf angelegt hätten, in Osirak tatsächlich so rasch und so viel Plutonium hätten gewinnen können, wie die Israelis behaupteten, ist bis heute ein Streit unter Wissenschaftlern. Der Reaktor war, abgesehen davon, dass er unter Kontrolle der IAEA und der französischen Techniker stand, die ihn gebaut hatten, nicht ideal zur Plutoniumproduktion, dazu wären signifikante Modifikationen nötig gewesen, die den Inspektoren kaum verborgen geblieben wären. Die Israelis versichern aber bis heute, dass das alles geht – und sie werden es wohl wissen, denn in Dimona, mutmaßlich das Zentrum des israelischen Atomwaffenprogramms, steht quasi ein Verwandter des Osiris.

Es hätte für die Iraker auch die theoretische Möglichkeit gegeben, für Bombenzwecke den von den Franzosen gelieferten Uran-Brennstoff zu veruntreuen. Auch das wäre natürlich bei Inspektionen aufgeflogen. 1981 waren die Iraker aber meilenweit davon entfernt, so etwas technisch zu meistern. 1990, nach der irakischen Invasion in Kuwait und inmitten der Kriegsdrohungen der USA, kam der Befehl des Regimes – wobei Saddam wenig Interesse gezeigt haben soll, wieder war Hussein Kamel der Protagonist – an die Wissenschaftler: den unter IAEA-Aufsicht stehenden Brennstoff zwischen den Inspektionen herzunehmen und Waffenmaterial daraus zu machen. Jafar und Kollegen wurden vom Golfkrieg 1991 quasi gerettet, bevor sie zugeben mussten, dass das so schnell und leicht nicht geht.

Erwähnenswert ist noch folgendes Szenario, das Befürworter der Bombardierung von Osirak entwarfen: Die Iraker hätten den Reaktor ganz normal, unter der Aufsicht der IAEA und der Franzosen, laufen lassen können – und im Geheimen im Untergrund eine Kopie angefertigt, mit der sie das Plutonium für eine Bombe produziert hätten. In diesem Lichte ist wohl die skurrile Suche nach einem Eingang in eine geheime Reaktorwelt im (sic!) Tigris bei einer IAEA-Inspektion 1992 zu sehen, einem geheimdienstlichen Tipp, der offenbar aus Israel kam, folgend. Tatsächlich hatte sich der Irak – nach der Zerstörung von Osirak allerdings, nicht vorher – mit der Idee befasst, den Reaktor an einem unterirdischen Ort wieder aufzubauen. Dies wurde aber später verworfen. Die Inspektoren waren auf der Jagd nach einem Phantom.

Wie bereits eingangs gesagt, das Szenario eines israelischen Angriffs auf iranische Atomanlagen der Gegenwart hat mit Irak 1981 militärisch fast nichts gemeinsam, auch der Stand der Atomprogramme ist ein völlig anderer. Aber jenes im – besser organisierten – Iran machte ebenfalls viel langsamere Fortschritte als oftmals prognostiziert: Die Nachricht »Der Iran steht soundso viele Monate vor einer Bombe« tritt seit Jahren periodisch auf. Doch zum Bombenbau reicht es nicht aus, genügend spaltbares Material zu haben, auch alle möglichen anderen Aspekte müssen gemeistert werden.

Und die Lektion von 1981 lautet so: Der israelische Angriff auf Osirak hatte eine wichtige Katalysatorfunktion für das irakische Atomwaffenprogramm. Die paradoxen Ergebnisse, die ein Angriff auf den Iran erzeugen könnte, sollte man in die Planspiele jedenfalls besser mit einbeziehen.

Anmerkungen und Quellenangaben

1 Gudrun Harrer: Dismantling the Iraqi Nuclear Programme. The Inspections of the International Atomic Energy Agency, 1991–1998. Routledge, 2014.
2 Samir al-Khalil: Republic of Fear. The Politics of Modern Iraq. Hutchinson Radius, 1989.
3 Daniel Byman: An Autopsy of the Iraq Debacle. Policy Failure or Bridge too Far. In: Security Studies, 17: 599–643, 2008.
4 Jeremy R. Hammond: The Lies that Led to the Iraq War and the Persistent Myth of Intelligence Failure. In: Foreign Policy Journal, September 2012.
5 Vali Nasr: The Shia Revival. How Conflict within Islam Will Shape the Future, W. W. Norton, New York 2006.
6 Die beiden haben gemeinsam ein Buch über die arabisch-sprachige alawitische (eben nicht die alevitische!) Minderheit in Kilikien (Cukurova in der südtürkischen Region um Adana und Tarsus) geschrieben. Gisela Procházka-Eisl und Stephan Procházka: The Plain of Saints and Prophets. The Nusayri-Alawi Community of Cilicia (Southern Turkey) and its Sacred Places. Harrassowitz, 2010.
7 Stephan Procházka: Die Alawiten – Glaube und Geschichte einer gnostischen Gemeinschaft am östlichen Mittelmeer. In: Religionen unterwegs, 18. Jg. Nr. 2, Mai 2012.
8 Es gibt Quellen, wonach es der Großvater war. Da sich aber erst Hafiz' Vater den Namen »al-Assad« zugelegt hatte, dürfte diese Version eher stimmen.
9 joshualandis.com
10 http://www.jihadica.com/al-qaeda-advises-the-syrian-revolution-shumukh-al-islams-%e2%80%9ccomprehensive-strategy%e2%80%9d-for-syria/
11 Alle Zitate aus Cole Bunzel, jihadica, ibid.
12 Seymour Hersh: The Red Line and the Rat Line. London Review of Books, Vol. 36, No. 8, 17. April 2014.
13 Robin Prior: The Ottoman Front, in: The First World War, Band 1 »Global War«, Hrsg. Jay Winter, S. 297–320.

14 Avner Cohen: Israel and the Bomb. Columbia University Press 1998.

15 Aisha war Halbschwester von Ismail bin Jafar: Anders als die
    Zwölferschiiten erkannten die Ismailiten (oder Siebenerschiiten)
    diesen als Imam an. Die Fatimiden waren eine ismailitische
    Dynastie, die in Ägypten bis 1171 herrschte.

16 Bassam Tibi: Die Verschwörung – Das Trauma arabischer Politik.
    Hoffmann & Campe, 1993.

17 Sufi Abu Talib, der nach der Ermordung Sadats das Amt 1981
    interimistisch übernahm und dann an Hosni Mubarak weitergab,
    tat dies ja in seiner Funktion als Parlamentspräsident.

18 Robert Springborg: Sisi's Islamist Agenda for Egypt. Foreign Affairs,
    28 July 2013.

19 Walter Posch: Ahmadinedschad und die Prinzipalisten. Irans
    politische Rechte und die Perspektiven für einen neuen Eliten-
    kompromiss. SWP-Studie, Berlin 2011.
    http://www.swp-berlin.org/fileadmin/contents/products/studien/
    2011_S35_poc_ks.pdf

20 Dritte Welt, globaler Islam und Pragmatismus. Wie die Außenpoli-
    tik Irans gemacht wird. SWP-Studie. http://www.swp-berlin.org/
    fileadmin/contents/products/studien/2013_S04_poc.pdf

21 http://www2.gwu.edu/~nsarchiv/nukevault/

22 Målfrid Braut-Hegghammer: Revisiting Osirak. Preventive Attacks
    and Nuclear Proliferation Risks. International Security, Vol. 36.
    No. 1, 2011, S. 101–132.

23 Jacques E. C. Hymans: Achieving Nuclear Ambitions. Scientists,
    Politicians, and Proliferation. Cambridge University Press, 2012.